Die Sprache der Katzen

Roger Tabor

Die Sprache der Katzen

Mimik, Laute, Körpersignale

Aus dem Englischen von Claudia Ade

Impressum

Bibliografische Information der Deutschen Bibliothek

Die Deutsche Bibliothek verzeichnet diese Publikation in der Deutschen Nationalbibliografie; detaillierte bibliografische Daten sind im Internet über http://dnb.ddb.de abrufbar.

© 2005 Eugen Ulmer KG
Wollgrasweg 41, 70599 Stuttgart (Hohenheim)
E-Mail: info@ulmer.de
Internet: www.ulmer.de
Umschlaggestaltung:
  Atelier Reichert, Stuttgart
Umschlagfoto: Klein-Hubert,
  Lupstein (Frankreich)
Lektorat: Dr. Eva-Maria Götz,
Michael Kokoscha, Oberhausen
Herstellung: Ulla Stammel
Satz und DTP: Michael Kokoscha
Printed in China by SNP Leefung
ISBN-13: 9783800149278
ISBN-10: 3-8001-4927-3

Titel der englischen Originalausgabe:
100 ways to better understand your cat
Aus dem Englischen von Claudia Ade
Erschienen 2005 bei David & Charles Ltd., Brunel House, Newton Abbot, Devon, TQ12 4PU, UK
© 2005 David and Charles
Text © 2005 Roger Tabor

Inhalt

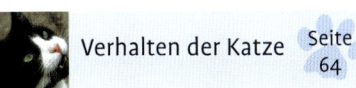

Verhalten der Katze

Katzen halten

Probleme mit Katzen

Über dieses Buch

Wir Menschen lieben Katzen wegen ihres selbstständigen, unabhängigen Wesens. Diese Charaktereigenschaft ist aber auch der Grund dafür, dass wir nur wenig über sie wissen. Ob Sie nun ein bestimmtes Problem mit Ihrer Katze haben oder einfach nur mehr über sie erfahren wollen – dieses Buch wird Ihnen helfen, Ihren Weggefährten besser zu verstehen. Es umfasst sechs Hauptthemengebiete mit 100 Stichwörtern aus dem Leben Ihrer Katze, außerdem Querverweise auf verwandte Themen. Weiterhin erhalten Sie faszinierende Einblicke in die geheimnisvolle Welt und die Geschichte der Katzen.

Körperbau der Katze

Aufbau des Katzenkörpers

Der Körperbau der Katze steht unmittelbar mit ihrer Lebensweise als Einzelgänger und nächtliches, teils auf Bäumen jagendes Raubtier in Zusammenhang. Jeder Teil des Körpers ist entsprechend angepasst und ermöglicht es dem genialen Jäger, sich mit Erfolg an seine Beute anzuschleichen, sie zu töten und zu fressen. Außerdem verteidigt die Katze erbittert ihr Revier und kann auf verschiedenerlei Arten Duftnachrichten in und um ihren Bereich herum hinterlassen und lesen.

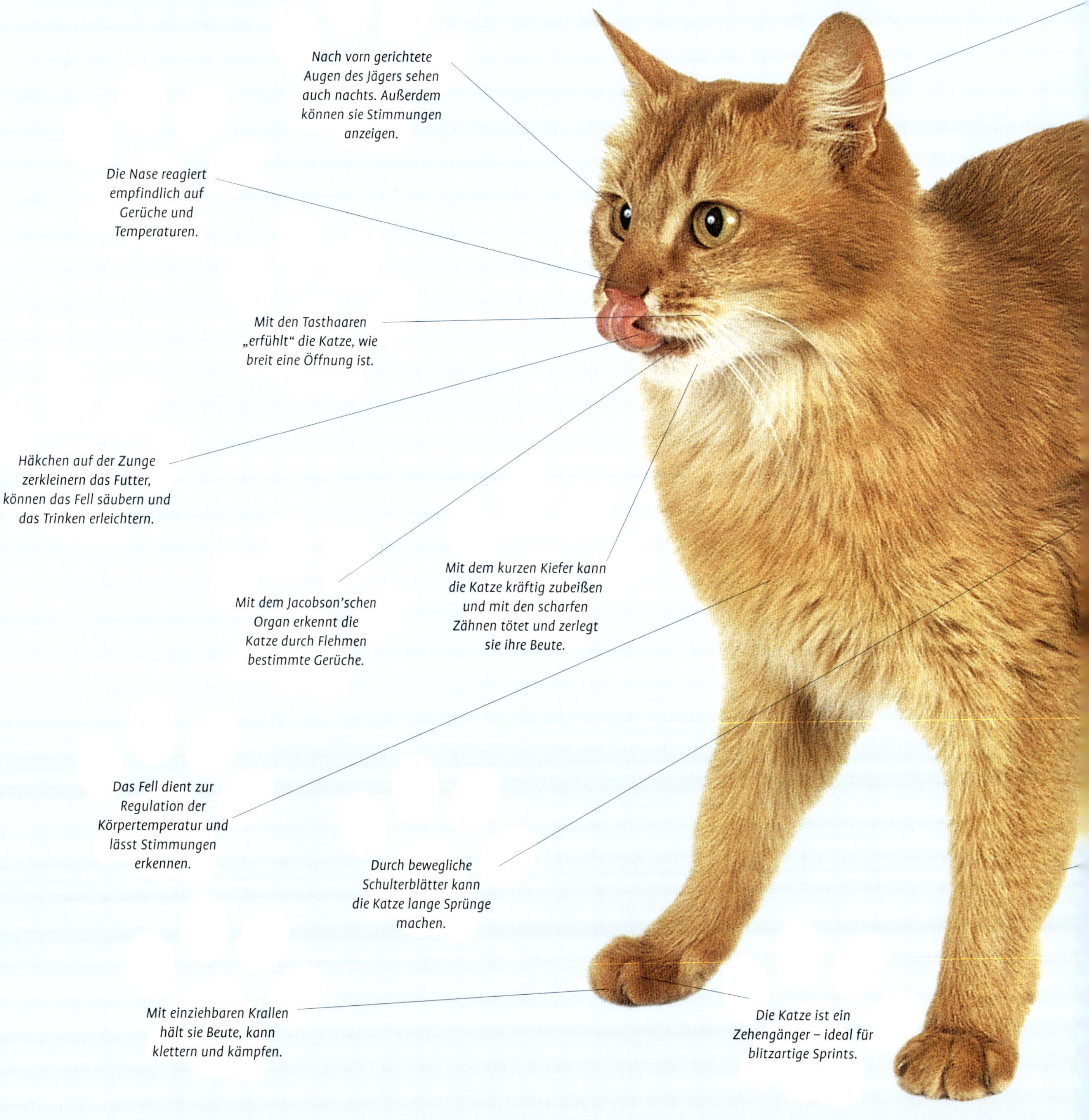

Nach vorn gerichtete Augen des Jägers sehen auch nachts. Außerdem können sie Stimmungen anzeigen.

Die Nase reagiert empfindlich auf Gerüche und Temperaturen.

Mit den Tasthaaren „erfühlt" die Katze, wie breit eine Öffnung ist.

Häkchen auf der Zunge zerkleinern das Futter, können das Fell säubern und das Trinken erleichtern.

Mit dem Jacobson'schen Organ erkennt die Katze durch Flehmen bestimmte Gerüche.

Mit dem kurzen Kiefer kann die Katze kräftig zubeißen und mit den scharfen Zähnen tötet und zerlegt sie ihre Beute.

Das Fell dient zur Regulation der Körpertemperatur und lässt Stimmungen erkennen.

Durch bewegliche Schulterblätter kann die Katze lange Sprünge machen.

Mit einziehbaren Krallen hält sie Beute, kann klettern und kämpfen.

Die Katze ist ein Zehengänger – ideal für blitzartige Sprints.

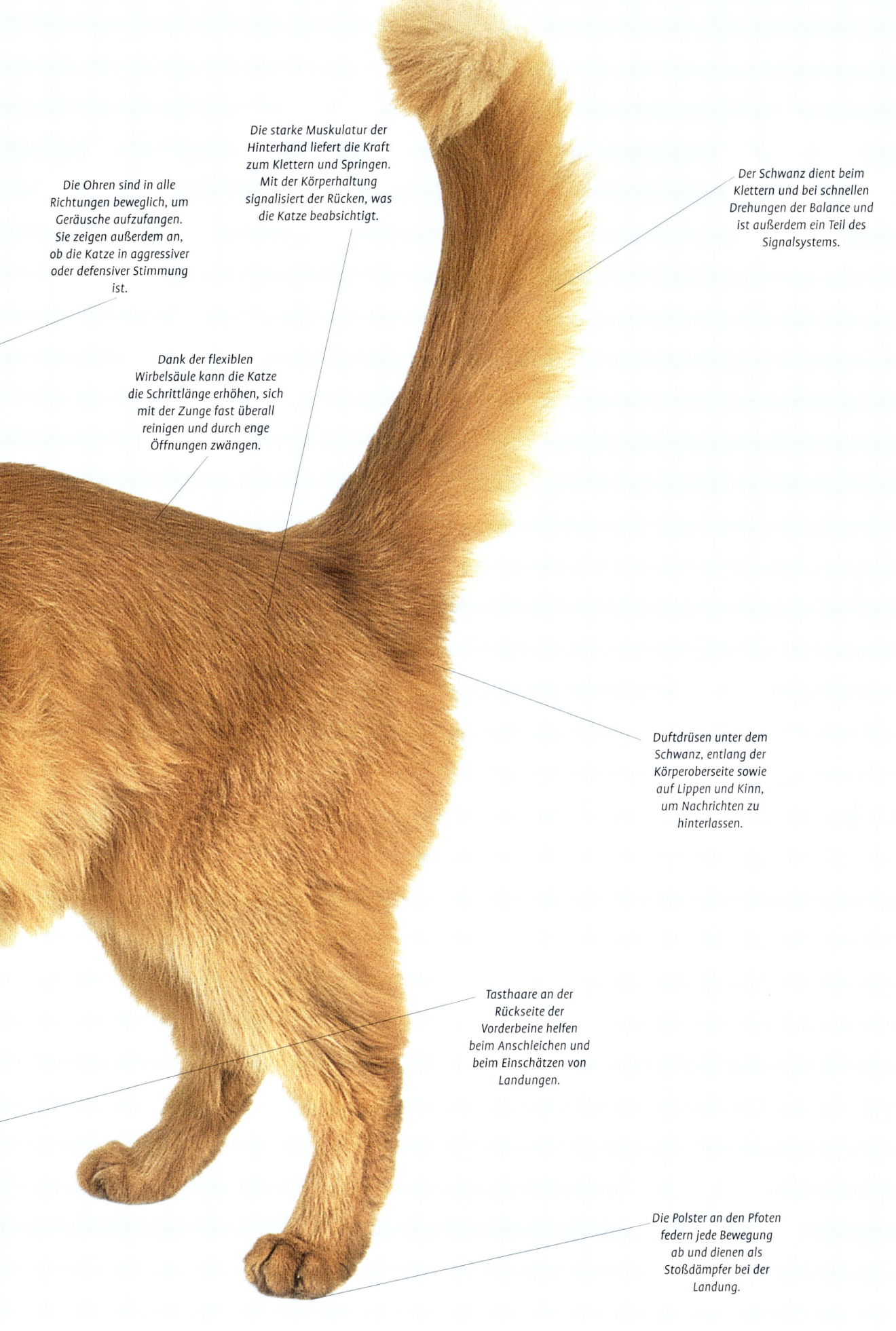

Die Ohren sind in alle Richtungen beweglich, um Geräusche aufzufangen. Sie zeigen außerdem an, ob die Katze in aggressiver oder defensiver Stimmung ist.

Die starke Muskulatur der Hinterhand liefert die Kraft zum Klettern und Springen. Mit der Körperhaltung signalisiert der Rücken, was die Katze beabsichtigt.

Der Schwanz dient beim Klettern und bei schnellen Drehungen der Balance und ist außerdem ein Teil des Signalsystems.

Dank der flexiblen Wirbelsäule kann die Katze die Schrittlänge erhöhen, sich mit der Zunge fast überall reinigen und durch enge Öffnungen zwängen.

Duftdrüsen unter dem Schwanz, entlang der Körperoberseite sowie auf Lippen und Kinn, um Nachrichten zu hinterlassen.

Tasthaare an der Rückseite der Vorderbeine helfen beim Anschleichen und beim Einschätzen von Landungen.

Die Polster an den Pfoten federn jede Bewegung ab und dienen als Stoßdämpfer bei der Landung.

Körperbau

1 Fortbewegung

Der Laufsteg der Modebranche trägt seinen Namen „Catwalk" zu Recht. Ihn schreiten die Models genauso elegant und geschmeidig entlang wie Katzen. Zu den bemerkenswertesten Eigenschaften einer Katze gehören ihre grazilen, weich schwingenden Bewegungen. Diese verleihen der einzelgängerischen Jägerin den für die Beuteverfolgung nötigen Überlebensvorteil.

Körperbau

Rennen

Katzen sind Kurzstreckensprinter – sie lassen sich nicht auf lange Verfolgungen ein. Als Jäger müssen sie vielerlei Bewegungen ausführen können. Ihre Schulterblätter befinden sich auf einer Linie mit der Körperlängsseite, das Schlüsselbein ist nur noch rudimentär vorhanden. So sind die Schultern frei beweglich, die Schrittlänge beim Laufen wird größer. Beim Gehen setzt die Katze jeden Schritt entsprechend langsam. Rennt die Katze, wirft sie ihre Vorderbeine so schnell nach vorn, unten und zurück, dass der Bodenkontakt fast verloren geht. Die Wirbelsäule biegt und spannt sich, so dass die Schritte noch um einige zusätzliche Zentimeter verlängert werden können.

Beim Rennen benutzt die Katze abwechselnd die Beine einer Körperseite. In vollem Sprint bewegt sie sich die meiste Zeit über dem Boden, so dass ihre Pfoten kaum Kontakt zum Untergrund haben. Zwischen diesen Schwebephasen überholen die Hinterdie Vorderpfoten beim Bodenkontakt.

Gehen

Anders als der Mensch, der auf seinen Fußsohlen geht, zählen Hunde und Katzen zu den Zehengängern. Dadurch verlängern sich ihre Gliedmaßen und auch die Fläche des Bodenkontakts wird verringert – unerlässlich für jeden Sprinter. Huftiere können durch noch geringeren Bodenkontakt noch höhere Geschwindigkeiten erzielen, doch für die Katze ist außerdem die Beweglichkeit der Pfoten wichtig.

Beim Gehen lasten 60 % des Gewichts auf den Vorderbeinen, so dass diese stärker als Stütze dienen, während die Hinterbeine vor allem den Antrieb darstellen. Die Katze bewegt abwechselnd die gegenüberliegenden Pfoten und macht beim Gehen eher einen gelassenen Eindruck.

Springen

Katzen sind berühmt für ihre außergewöhnliche Sprungkraft und erreichen bei Weit- oder Hochsprüngen ein Vielfaches ihrer eigenen Körperlänge. Wenn sie mit erstaunlicher Präzision selbst auf schmalen Stellen wie einem Gartenzaun landen, gelingt ihnen dies nur, weil sie sich vorher genügend Zeit zur Berechnung des Sprungs nehmen.

Körperbau

Wie springt eine Katze?

Will eine Katze auf einen Tisch, Ast oder ein Beutetier springen, verlagert sie zuerst ihr gesamtes Gewicht auf die Hinterbeine, mit denen sie sich dann nach vorn katapultiert.

Die Rücken- und Hinterhandmuskeln sind extrem kräftig, so dass sie enorme Sprünge nach oben, unten und über Hindernisse hinweg ausführen kann.

Damit sie ihre große Sprungkraft nutzen kann, braucht die Katze einen festen Untergrund. Sie nimmt sich Zeit zur Errechnung ihres Sprungs und prüft die Absprungfläche mit den Hinterbeinen. Vor allem wenn der Landeplatz sehr schmal, wie ein Regal oder ein Ast, oder die zu überspringende Lücke sehr breit ist, ist diese Vorbereitung nötig. Auch wenn die Katze sich auf ihre Beute stürzt, muss sie planen. Schon vorher schätzt sie ab, wo sich das Beutetier bei ihrer Landung befinden wird.

verwandte Themen ...   1   3   22   42

3 Balance

Der Schwanz einer Katze ist ausgesprochen vielseitig. Beim Klettern auf Bäume dient er der Balance und als Gegengewicht, wenn die Katze ihrer Beute auflauert. Er sendet aber auch Signale aus. Je nachdem, ob die Katze ängstlich, unentschlossen oder aggressiv ist, kann der Schwanz aufgebauscht sein, leicht zucken oder sich kräftig hin- und herbewegen.

Körperbau

Wieso fallen Katzen immer auf die Füße?

Der Körperbau einer Katze ist der eines Waldraubtiers. Sie kann sich mühelos im Geäst bewegen, wobei sie mit ihrem Schwanz das Gleichgewicht hält. Katzen haben die einzigartige Fähigkeit, bei einem Sturz auf ihren Füßen zu landen, weil sie ihren Körper in der Luft drehen können. Dabei handelt es sich um eine Reflexbewegung, die ab der dritten Lebenswoche vorhanden ist, in der die Mobilität der Kätzchen zunimmt.

Im Fallen dreht die Katze zuerst ihren Kopf und dann die vordere Körperhälfte, bis der Kopf die richtige Ausrichtung hat. Danach wird die hintere Körperhälfte gedreht, so dass die Katze sicher auf ihren Füßen landet. Dieses Manöver kann sie aufgrund ihres sensiblen Gleichgewichtssinns ausführen, wobei das Sehvermögen (siehe gegenüberliegende Seite) und das Innenohr (siehe S. 15) eine Rolle spielen.

Auch bei den dramatischen Positionsänderungen auf der Jagd nach Beute oder bei einem Kampf kann die Katze sich durch diesen sicheren Sinn für die aufrechte Position jederzeit zurechtfinden.

4 Katzenaugen

Die Augen der Katze sind ein Schlüssel zum Zusammenhang zwischen ihrem Verhalten und ihrem Körperbau. Mit den nach vorn gerichteten Augen des Jägers kann die Katze wie der Mensch dreidimensional sehen und Entfernungen abschätzen. Pflanzenfresser können durch ihre Rundumsicht zwar Raubtiere ausmachen, aber ihnen fehlt die räumliche Sicht.

Sehen im Dunkeln

Die Augen einer Katze reflektieren das Licht und verleihen ihr dadurch etwas Magisches. Diese Eigenschaft ist spezifisch für Nachtraubtiere. Der Effekt entsteht durch eine reflektierende Schicht (Tapetum lucidum) hinter der Netzhaut. Bei Dunkelheit treffen Lichtteilchen eher auf einen Lichtrezeptor, wenn sie nach dem Passieren der Netzhaut vom Tapetum wieder zurückgeworfen werden.

Wie bei anderen nachtaktiven Jägern sind auch die Augen der Katze, verglichen mit ihrem Schädel oder auch im Vergleich zu tagaktiven Tieren, sehr auffällig. Sowohl Linse als auch Hornhaut sind im Verhältnis zum Augenhintergrund relativ groß. Die Linse ist außerdem nach hinten versetzt, was im Profil einer Katze zu erkennen ist, denn durch diese Lage der Linse können die Augen im Vergleich zu unseren ziemlich glasig erscheinen. Dadurch können Katzenpupillen weit geöffnet werden und mehr Licht einfangen. Bei schlechten Lichtverhältnissen weitet sich die Pupille entsprechend stark, damit mehr Licht eindringt. Die Katzen benötigen nur ein Sechstel der Lichtmenge, die der Mensch braucht, um sehen zu können.

Farbsehen

Die Anpassung der Augen an das Nachtleben und die optimale Lichtaufnahme der Netzhaut schränken jedoch das Farbsehen ein. Wie der Mensch besitzt auch die Katze Stäbchen- und Zapfenrezeptoren. Die Stäbchen dienen dem Sehen in der Dämmerung, die Zapfen der Farbunterscheidung. Zur Erkennung des Farbspektrums müssen drei verschiedene Arten von Zapfen auf unterschiedlichen Wellenlängen arbeiten. Beim Menschen beträgt das Verhältnis zwischen Stäbchen und Zapfen 4:1, bei der Katze 25:1. Katzen können zwar Farben erkennen, hauptsächlich aber im grünen und teilweise im blauen Bereich. In der Dämmerung, wenn die Katze auf Jagd geht, sieht sie jedoch dank der hohen Anzahl an Stäbchen sehr gut.

Streulicht ausblenden

Die Fähigkeit, Licht optimal zu nutzen, macht das Katzenauge empfindlich für intensives Tageslicht. Deshalb verengt sich die Pupille zu einem Schlitz. Auf diese Weise kann die Katze die einfallende Lichtmenge viel feiner steuern. Bei eher tagaktiven Löwen sind die Augen weniger an die Dunkelheit angepasst. Ihre Pupillen schließen sich rund. Die Pupillenweitung zeigt auch Stimmungen an.

Tagaktive Tiere besitzen runde Pupillen, die von kreisförmigen Muskeln kontrolliert und nicht vollständig geschlossen werden können. Die schlitzförmigen Pupillen der nachtaktiven Katze werden von sich kreuzenden Fasern gesteuert und schließen sich fast vollständig.

verwandte Themen ...　43　58

Körperbau

5

Tasthaare

Tasthaare sind stark vergrößerte, lange Haare, die besonders empfindlich auf Berührung und Luftzug reagieren. Sinnesrezeptoren in der Haut signalisieren, wann und wo die Katze an einem Gegenstand vorbeistreicht. Die Schnurrhaare im Gesicht sind außerdem beweglich. Die Katze erklärt damit anderen Katzen ihre Stimmungen und Absichten.

Körperbau

Tasthaare

Die Haarwurzeln der Tasthaare sind dreimal tiefer in der Haut verankert als die der längsten übrigen Haare. Sie sind in einzelne Follikel eingebettet, die jeweils mit eigenen Aufrichtmuskeln verbunden sind. Diese Muskeln arbeiten zusammen und ermöglichen der Katze bei der Untersuchung von Beutetieren oder Artgenossen, die Tasthaare nach vorn zu bewegen oder sie auch wieder anzulegen.

Am unteren Ende der Tasthaare befinden sich vier Arten von Nervenrezeptoren. Wird ein Tasthaar umgebogen, kann die Katze ganz genau feststellen, wie groß der Druck ist, aus welcher Richtung er kommt, wie schnell er wirkt und wie lange er anhält. Die Schnurrhaare kommen vor allem zum Einsatz, wenn die Katze engen Kontakt mit kleinen Beutetieren hat. Sie kann mit ihnen Bewegungen und Form der Beute, ja sogar den Haarstrich wahrnehmen.

Auch die Tasthaare sind eine Anpassung an das nachtaktive Leben. Sie reagieren empfindlich auf Luftbewegungen und ermöglichen der Katze passgenaue Orientierung an Engstellen. Die Katze besitzt auch Tasthaare an der Unterseite der Vorderbei-

ne, die oft übersehen werden. Sie helfen ihr beim Anschleichen an Beute und beim Abschätzen der Landung nach einem Sprung.

Haut und Fell

Die Anzahl der Sinnesrezeptoren auf der Haut schwankt zwischen 25 pro Quadratzentimeter auf Kopf und Füßen, und nur ungefähr 7 pro Quadratzentimeter auf Rücken, Schwanz und Ohren. Nase, Zunge und Pfotenballen sind am empfindlichsten.

Das Fell besteht aus bis zu 200 Haaren pro Quadratmillimeter, darunter 150 Flaumhaare, 47 Grannenhaare und 3 Leithaare. Leit- und Grannenhaare schützen die Katze vor Witterungseinflüssen. Leithaare wachsen einzeln, Grannen- und Flaumhaare in Bündeln aus einzelnen Poren heraus. Alle Haare sind mit Berührungsrezeptoren verbunden. Kein Wunder also, dass die Katze nach dem Streicheln ihr Fell wieder in Ordnung bringt. Wenn sie sich im Fellwechsel befindet, wächst das neue Haar aus demselben Follikelschaft und verdrängt das alte.

verwandte Themen ...   7   11   27   28   43

6 Eine Stecknadel fallen hören

Für nachtaktive Jäger ist ein scharfes Gehör lebenswichtig. Nimmt eine Katze ein Beutetier wahr, dann ist sie sofort wachsam und stellt ihre Ohren auf. Den äußeren Teil des Ohres, die Pinna oder Ohrmuschel, steuern über 20 Muskeln. Mit diesen Muskeln bewegt die Katze ihre Ohren in verschiedene Richtungen, nicht zuletzt um ihre Stimmungslage mitzuteilen.

Geräusche

Katzen hören jedes Geräusch. Wenn Ihre Katze vor Ihnen sitzt und sich scheinbar nicht dafür interessiert, was hinter ihr passiert, dann beobachten Sie einmal Ihre Ohren. Sie werden sehen, dass sie in Ihre Richtung zeigen. Beim kleinsten Geräusch jedoch bewegen sie sich sofort. Die Muskeln drehen die Ohrmuscheln wie eine Radarschüssel in die Richtung, aus der das Geräusch kommt. Da Katzen eine Geräuschquelle viel präziser ausmachen können, wenn sie sich selbst nicht bewegen, bleiben sie oft wie angewurzelt stehen, um zu lauschen. Am Außenrand der Ohrmuschel befindet sich eine Hauttasche, die so genannte Bursa, durch die das Ohr gefaltet und bewegt werden kann. Sie kann auch Geräusche, die von hinten kommen, dämpfen.

Die Schallwellen gelangen von der Ohrmuschel zum Trommelfell und von dort auf eine Gruppe von Mittelohrknöchelchen. Diese verstärken die Vibrationen und leiten sie bis zur Basis der mit Flüssigkeit gefüllten Gehörschnecke im Innenohr weiter. Die Schallwellen werden von Sinneshaaren in der Schneckenwand aufgenommen. Das Gehör der Katze erfasst Schall bis zu einer Obergrenze von 60 kHz, bedeutend höher als bei Hund (15–35 kHz) und Mensch (15–20 kHz), so dass auch höchste Töne wie das Quieken von Nagern im 20- bis 50-kHz-Bereich erfasst werden. Die Ausbuchtungen am Hinterkopf, die Paukenblasen oder Mittelohrkapseln (Bulla tympanica), scheinen genau die Nagergeräusche zu filtern.

Gehör und Gleichgewicht

Der perfekte Gleichgewichtssinn der Katze liegt in dem aus drei halbkreisförmigen Gängen bestehenden Vestibularsystem (Labyrinth) des Innenohrs begründet. Die darin befindliche Flüssigkeit bewegt sich aufgrund des Trägheitsprinzips mit Verzögerung. Aus den Wänden der Gänge ragen Sinneshärchen heraus, die die relative Bewegung von Katze und Flüssigkeit registrieren. Die Gänge nehmen unterschiedliche Winkel zueinander ein, so dass Bewegungen in alle Richtungen erkannt werden. Bei einem Sturz muss sich die Katze ihrer Position bewusst sein. Dafür sorgen Kalksteinchen in der Flüssigkeit, die je nach Bewegung die Sinneshaare berühren.

Körperbau

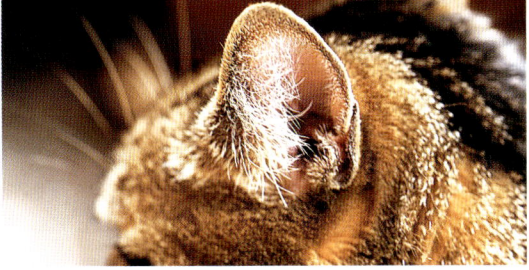

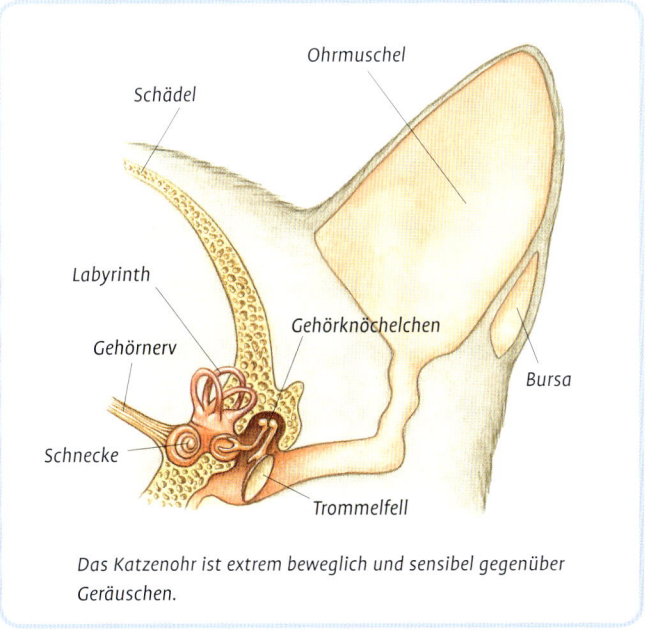

Das Katzenohr ist extrem beweglich und sensibel gegenüber Geräuschen.

Schmecken und Riechen

Mit ihrem Geruchssinn kann die Katze Fremde identifizieren, Gruppenmitglieder (auch Menschen) erkennen und Duftbotschaften anderer Katzen in ihrem Revier interpretieren. Der Geruchssinn entscheidet auch darüber, welche Nahrung die Katze aufnimmt. Mit dem Jacobson'schen Organ (siehe Seite gegenüber) kann sie Geruch auch „erschmecken".

Körperbau

Die Nase

Im Innern der durch die Nasenscheidewand unterteilten Katzennase befindet sich ein System aus knöchernen, plattenförmigen Fortsätzen, den Nasenmuscheln, die fast den gesamten Raum ausfüllen. Sie sind von der Riechschleimhaut überzogen und bilden eine Fläche von etwa 20 bis 40 Quadratzentimeter – doppelt so viel wie beim Menschen. Die Riechzellen der Schleimhaut im hinteren Teil der Nasenhöhle erkennen flüchtige Substanzen. Luft dringt in diesen Bereich nur vor, wenn die Katze stark schnuppert, nicht aber beim einfachen Atmen. Abends, wenn die Temperatur am Boden höher ist als in der Luft, ist das Geruchsempfinden der Katze noch größer.

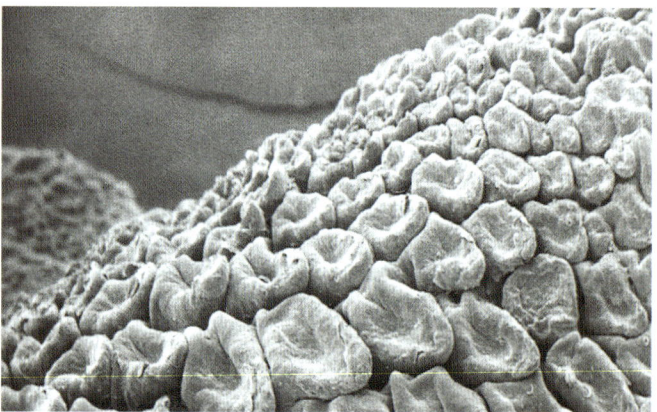

Geschmack und Zunge

Wenn eine Katze über Ihre Hand leckt, kommen Sie in direkten Kontakt mit einem ihrer nützlichsten Werkzeuge, ihrer rauen Zunge. Bei allen Katzen ist die Zungenmitte von nach hinten zeigenden Häkchen oder Papillen (Foto rechts) bedeckt. Sie helfen, das Fleisch zu packen und Stücke davon abzureißen. Die Papillen unterstützen die Aufnahme von Flüssigkeit und werden zur Fellpflege eingesetzt.

Geschmacksrezeptoren liegen nur vorn, hinten und seitlich an der Zunge. Die meisten Säugetiere können zwischen sauer, salzig, süß und bitter unterscheiden, doch die Katze als reiner Fleischfresser besitzt kaum Rezeptoren für Süße. Ihre Verdauung kann durch süße Nahrungsmittel durcheinander geraten, sofern sie sie überhaupt frisst.

Junge Kätzchen nehmen beim Säugen Milchzucker (Laktose) auf. Der gleiche Laktosegehalt, der bei neugeborenen Jungen keine Probleme verursacht, kann bei entwöhnten Kätzchen aber schwere Durchfälle herbeiführen. Oft sogar ist Milch die Hauptursache für Durchfälle.

8   Ein zusätzlicher Sinn

Wie viele andere Tiere, etwa Pferde, besitzen Katzen das Jacobson'sche Organ, das sich auf dem Boden der Nasenhöhle befindet. Dieses Organ besitzt eine Öffnung zur Maulhöhle. Die Katze kann damit Gerüche „schmecken". Vor allem Kater erkennen damit am Uringeruch, ob eine Katze in Paarungsstimmung ist.

Flehmen

Das Jacobson'sche Organ (Vomeronasalorgan) ist nach dem dänischen Arzt benannt worden, der es vor etwa 200 Jahren entdeckte. Damit Luft in das zum Rachen offene Organ gelangen kann, öffnet die Katze ihr Maul mit hochgezogener Nase etwas und zeigt dabei einen charakteristischen Gesichtsausdruck, das Flehmen. Dadurch schließt sich der normale Atmungsweg und die Luft wird nun durch die am oberen Gaumen liegenden Gänge eingesogen und auf Gerüche überprüft. Manchmal bewegt die Katze auch noch die Zunge, um den Geruch besser zu verteilen. Bei Tigern sieht das Flehmen als Reaktion auf das Schnuppern an Urin viel beeindruckender aus, weil dabei die Oberlippe umgestülpt wird und die riesigen Zähne zum Vorschein kommen. Bei der Hauskatze fällt dies so subtil aus,

dass die meisten Halter es nie bemerken. Beim Menschen ist das Jacobson'sche Organ nur noch rudimentär vorhanden. So fehlt uns diese Zusatzinformation.

Bei den meisten Tieren ist das Jacobson'sche Organ eng mit dem Sexualverhalten verknüpft. Es steht sowohl mit dem Hypothalamus im Gehirn, der Einfluss auf das Sexualverhalten hat, als auch mit dem ventromedialen Nukleus, der die Nahrungsaufnahme kontrolliert, in Verbindung. Da das Revier einer Katze sehr ausgedehnt ist, scheint für Kater das Flehmen sehr wichtig zu sein, um exakten Aufschluss über den sexuellen Zustand eines Weibchens zu erhalten. Auch wenn Kater sich aus größerer Entfernung über das Weibchen informieren können, ist der im Revier lebende Kater im Vorteil, weil er jede Veränderung vor der Rolligkeit als Erster entdeckt. Ist ein Weibchen bereits rollig, kann sein Verhalten durch die Urinmarken eines Katers noch stimuliert werden.

Körperbau

9 Zähne

Wenn eine Katze gähnt, ist ihr gesamtes Gebiss zu sehen. Am auffälligsten sind dabei die langen Fangzähne. Linné, der das moderne System der Artnamen entwickelt hat, bezeichnete die Eckzähne als Hundszähne (Canini). Bei den Katzenartigen sind diese Zähne jedoch viel spektakulärer ausgeprägt als bei den Hundeartigen.

Körperbau

Funktionsweise des Kiefers

Anders als bei Hunden ist der Katzenkiefer sehr kurz, weil im Laufe der Evolution die Schädellänge zu Gunsten eines kräftigeren Gebisses aufgegeben wurde (siehe unten bei einer afrikanischen Wildkatze). Da der Katzenkiefer wie ein Scharnier funktioniert und dadurch keine seitliche Bewegung zulässt, ist der Biss besonders kraftvoll. Die Folgen des verkürzten Kiefers sind das abgeflachte Gesicht und die damit verbundene Unfähigkeit, direkt vor dem Maul befindliche Dinge zu erkennen. Auch bei uns Menschen ist die Sicht direkt vor dem Mund eingeschränkt. Wir bedienen uns deshalb ähnlich wie die Katze, die ihre Pfoten benutzt, unserer Hände.

Das Katzengebiss ist perfekt auf die Bedürfnisse eines Jägers abgestimmt. Die Zahl der Backenzähne ist reduziert. Die letzten Zähne im Ober- und Unterkiefer bilden mit ihrer sägezahnartigen Anordnung einen Brechscherenapparat, der Fleisch und Gewebe zerschneidet. Katzen können Nahrung nicht zermahlen – deshalb sieht es merkwürdig aus, wenn sie Gras und Blätter abschlingen.

Säbelzahntiger

Eine große Gruppe der Felidae (Mitglieder der Katzenfamilie) war die der säbelzähnigen Katzen. Sie traten vor ungefähr 34 Millionen Jahren auf, als sich durch die weltweite Klimaabkühlung viele Großsäuger entwickelten. Auf den ersten Blick erscheint es unwahrscheinlich, dass die Evolution die Säbelzahntiger hervorbringen konnte, da die enormen Zähne das Maul zu blockieren und die Nahrungsaufnahme zu behindern scheinen. Doch die Säbelzahnkatzen herrschten vom Miozän bis zum Pliozän vor und waren somit eine Erfolgsgeschichte der Katzen. Einige Säbelzahnkatzen gab es noch bis vor 13 000 Jahren, so dass sie fast 34 Millionen Jahre überlebten. Verglichen damit existieren viele unserer heutigen Katzen und auch de Mensch erst seit sehr kurzer Zeit.

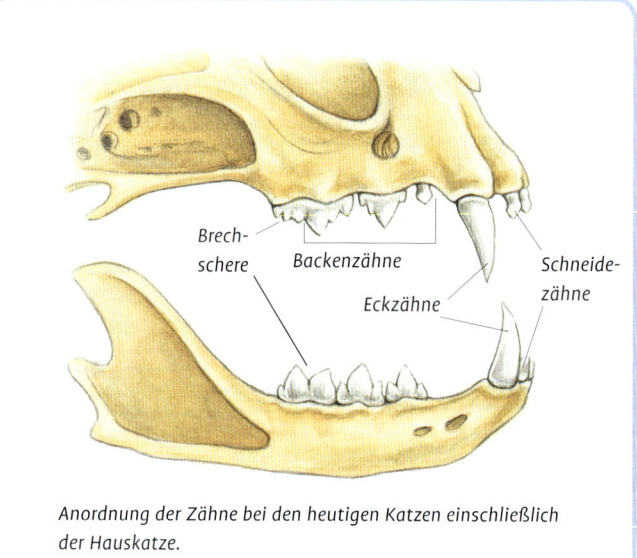

Brechschere
Backenzähne
Schneidezähne
Eckzähne

Anordnung der Zähne bei den heutigen Katzen einschließlich der Hauskatze.

10 Pfoten und Krallen

Katzen benutzen ihre Krallen zum Fangen und Festhalten ihrer Beute und zum Klettern. Sie widmen diesen Werkzeugen sehr viel Aufmerksamkeit, putzen ihre Pfoten häufig und schärfen ihre Krallen. Die Krallen können eingezogen werden, damit sie nicht beschädigt werden und scharf bleiben.

Krallen

Es ist mehr als die große Beweglichkeit der Pfoten, die es der Katze ermöglicht, etwas festzuhalten. Sie besitzt einziehbare Krallen, die sie wie Klingen aus jeder Pfote gleichzeitig ausfahren kann. Im entspannten Zustand sind sie eingezogen, doch sobald die Katze ihre Pfoten ausstreckt, kommen die gebogenen Krallen zum Vorschein. Während Wölfe oder Hunde zuerst mit den Zähnen in Kontakt zu ihrer Beute kommen, sind es bei Katzen ihre gestreckten Vorderpfoten mit den ausgefahrenen Krallen. Auch hier sind Körperbau und Verhalten eng miteinander verbunden.

Beim Klettern dienen die Krallen als Steigeisen, mit denen die Katzen meist mühelos an Bäumen nach oben laufen können. In umgekehrter Richtung sieht es oft weniger elegant aus, weil die Krallen nur in einer Richtung eingehakt werden können. Als perfektester Kletterer gilt der in den Regenwäldern Südamerikas beheimatete Margay, der genauso leicht einen Baumstamm hinab- wie hinaufklettern kann, weil die Gelenke seiner Hinterbeine besonders beweglich sind, so dass er seine Hinterfüße drehen kann.

Beim Klettern, Beutefang und Kämpfen sind die Krallen nur nützlich, wenn sie auch scharf sind: Deshalb wetzen Katzen sie an Baumstämmen. Wenn die Krallen durch die Rinde gezogen werden, löst sich das alte Keratin in Form einer Hülse ab und die neue Spitze wird freigelegt.

Pfoten

Die Katzenpfote besitzt vier kleine runde Zehenballen und einen großen mittleren Ballen, der sich unter den Mittelhand- und Mittelfußknochen befindet. Diese Ballen federn jede Bewegung ab und dienen als Stoßdämpfer, wenn die Katze nach einem Sprung auf dem Boden landet. Die Ballen werden durch die Oberhaut oder Epidermis besonders geschützt, weil sie hier 70-mal dicker ist als die Haut am übrigen Körper.

Die Pfotenballen werden durch Schweißdrüsen weich und geschmeidig gehalten. Viele Katzenhalter sind beunruhigt, wenn ihr Tier beim Putzen der Pfoten an den Ballen zieht und saugt, doch das ist völlig normal. Katzenfüße sind sehr empfindlich. Deshalb sind Katzen auch sehr wählerisch, was die Beschaffenheit des Bodens angeht. Oft meiden sie spitze Kiesel und raue Oberflächen.

Körperbau

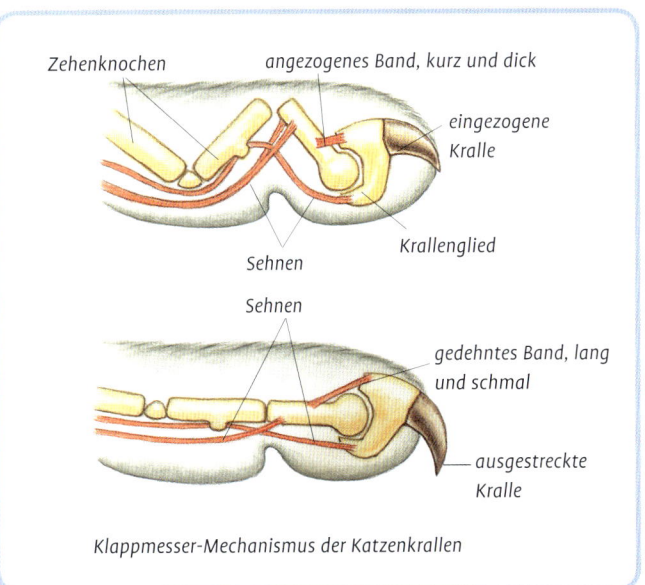

Zehenknochen · angezogenes Band, kurz und dick · eingezogene Kralle · Sehnen · Krallenglied · Sehnen · gedehntes Band, lang und schmal · ausgestreckte Kralle

Klappmesser-Mechanismus der Katzenkrallen

verwandte Themen ...   9   18   21   22   57   93   96

Haben Katzen einen Verstand?

Für seinen Satz „Ich denke, also bin ich." wurde der im 17. Jahrhundert lebende Philosoph Descartes bejubelt. Weniger schmeichelhaft äußerte er sich über Tiere, die er als „Automaten" bezeichnete. Dabei stimmte er mit dem Dogma des europäischen Christentums überein, das sich seit der Zeit des Heiligen Thomas von Aquin nicht geändert hat und die Theorie vertritt, Tiere hätten keinen freien Willen.

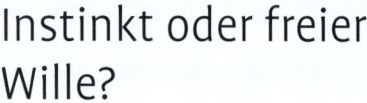

Instinkt oder freier Wille?

Viele Menschen einschließlich einiger Biologen distanzieren sich von jeglicher Vermenschlichung der Tiere und betrachten alle Verhaltensweisen nur als instinktgesteuert. Der Naturforscher Charles Darwin war rationaler und schlug vor, Instinkt als Handeln in reflektorischer Art zu betrachten. Er argumentierte, Tiere seien bis zu einem gewissen Grad zu verstandesmäßigen Handlungen in der Lage und dass der zweifellos große Unterschied zwischen dem Gehirn eines Menschen und dem eines höher entwickelten Tieres ein gradueller und kein grundsätzlicher sei. Unglückli-

cherweise ist die Debatte, ob Tiere sich instinktiv oder intelligent verhalten, an dem festgefahrenen Glauben gescheitert, man müsse sich für das eine oder andere entscheiden. Zudem war die Methodik fraglich, mit der der Versuch zur Klärung der Frage unternommen worden ist. Im Jahr 1911 veröffentlichte der amerikanische Psychologe E. L. Thorndike sein Buch „Animal Intelligence". Er setzte Katzen und andere Tiere in Boxen, wo sie einen Hebel drücken oder an Seilen ziehen mussten, um herauszukommen. Ihre Ansätze, ins Freie zu gelangen, bezeichnete er als „trial and error" (Versuch und Irrtum), ein noch heute üblicher Begriff. Seine Ergebnisse interpretierte er folgendermaßen: Der Versuch einer Katze, das Problem zu lösen, sei rein mechanisch, jeder ihrer Erfolge zufällig. Thorndikes In-

terpretationen und vor allem seine nicht katzenfreundlichen Experimente wurden seitdem oft infrage gestellt. Einen Hebel zu drücken entspricht nicht den spezifischen Fähigkeiten der Katze. Im Laufe der Zeit ging man Labortests realistischer an, indem man Tiere in ihrer natürlichen Umgebung beobachtete. Und danach scheinen Katzen wie auch wir eine Kombination aus Instinkt und Intelligenz zu nutzen.

Wie lernt eine Katze?

Erfinder von IQ-Tests für Tiere und auch Hundehalter meinen, Katzen schnitten im Vergleich zu Hunden schlecht ab. Dies ist natürlich eine Unterstellung, weil bei solchen Ergebnissen die dressurfähigen Hunde der unabhängigen Katzennatur gegenübergestellt werden. Der Eindruck, Hunde seien intelligenter, entsteht durch die biologische Fähigkeit zur Rudelbildung, eine für Katzen unnötige Eigenschaft. Als Einzelgänger

muss die Katze jede Situation individuell einschätzen und entsprechend darauf reagieren.

Ein einzelner Hund ist einem Teil einer Maschine vergleichbar, während die Katze die gesamte Maschine ist. Außerdem sind Katzen durch ihr Einzelgängerdasein nicht so hierarchisch organisiert wie Hunde und es besteht kaum die Notwendigkeit, sich zu unterwerfen. Anders ausgedrückt: Sie müssen nicht lernen, zu gehorchen.

Wenn man die wahre Natur und die Lebensweise einer Katze versteht, dann wird klar, dass Befehle als Anleitung für ihre Handlungen für sie bedeutungslos sind. Katzen besitzen keinen passenden Mechanismus für eine solche Art des Lernens. Sind sie aber von sich aus motiviert, können sie wie Hunde leicht „Kunstückchen" bewältigen wie Türen öffnen oder einen Hindernisparcours überwinden.

Langlebige Säugetiere machen auch nach der Geburt längere Lernphasen durch. Verglichen mit anderen Tieren kommen Kätzchen in einem frühen Entwicklungsstadium zur Welt. Sie erleben eine relativ lange Aufzuchtperiode, in der ihre Instinkte durch die Bedingungen ihrer Umwelt geformt werden und der erwachsenen Katze später in ihrer Umgebung zugute kommen. Besonders bedeutsam ist diese Formung instinktiven Verhaltens insofern, als sich nun der Jäger leichter mit Artgenossen und anderen Tieren verträgt und wir sie deshalb als Heimtiere halten können. Wir haben die Sozialisierung innerhalb des Wurfs (siehe S. 60) praktisch übernommen.

Territorialverhalten

Ein Beispiel dafür, wie sich die angeborenen Verhaltensweisen einer Katze durch Umweltbedingungen ändern können, ist das Revierverhalten. Während man früher dachte, Katzen würden über die Grenzen ihres Reviers wachen, geht man heute davon aus, dass sie sich eher in Gebieten aufhalten, die ihnen wegen ihrer Markierungen vertraut sind. Es liegt daher nahe, dass eine begrenzte Anzahl angeborener Regeln die Basis für das Revierverhalten bildet. Dazu gehören „Bleib in vertrauten Gegenden!" oder „Gehe weiter weg, wenn du mehr Nahrung brauchst!". Auch wenn Instinkte den Rahmen für diese Reaktionen bilden mögen, ist das echte Umfeld veränderlich. Die Fähigkeit, aus ihrer Umgebung zu lernen und Schlüsse zu ziehen, macht die Katze flexibler.

21

11 Gehirn

Beim Gehirn spielt die relative Größe, das Verhältnis vom Gehirn zum Körper, eine wichtige Rolle. Katzen weisen hierbei ein proportional höheres Verhältnis auf als beispielsweise Ratten oder Mäuse, so dass der Vorteil auf ihrer Seite sein sollte. Größere Gehirne beherbergen nicht nur mehr Zellen, sondern auch viel mehr Verknüpfungen zwischen diesen Zellen.

Körperbau

Gehirnstruktur

Gehirne kann man grob in Kleinhirn, Mittelhirn, Zwischenhirn und Großhirn unterteilen. Von oben betrachtet fallen beim Katzenhirn besonders das Kleinhirn und die Hirnrinde des Großhirns auf. Das Kleinhirn der Katze weist viele Windungen auf. Es ist im Verhältnis größer als das der meisten anderen Säugetiere und steuert die Koordination der Bewegungen, das Gleichgewicht und die Körperhaltung, was für ein kletterndes Raubtier lebenswichtig ist.

Bei großen Säugetieren wie Mensch und Wal ist die Oberfläche der Hirnrinde stark gefaltet, bei kleineren Tieren wie Ratte oder Kaninchen hingegen weniger. Dass die Katze eine schnelle Auffassungsgabe hat und als Jungtier sehr verspielt ist, liegt auch an ihrer stark gefurchten Hirnrinde.

Die Gehirnhälften bestehen aus Bereichen, die Informationen von Sinnesorganen empfangen und aus solchen, die die Körperbewegungen steuern. Je größer diese Bereiche im Verhältnis zu anderen sind, desto mehr Gehirnzellen sind an der jeweiligen Funktion beteiligt. Das Gehör einer in der Nacht jagenden Katze ist auf die Wahrnehmung kaum hörbarer Laute wie die von Nagern eingerichtet, so dass der für den Empfang und die Interpretation von akustischen Informationen zuständige Bereich relativ groß ist (25 % verglichen mit 10 % bei der Ratte).

Der Tastsinn empfängt Informationen aus Berührungen der Haut. Wenn man den dafür zuständigen Bereich des Gehirns nach den Körperteilen der Katze einteilt, verschieben sich die Proportionen. Zonen, die Kopf und Zunge versorgen, brauchen mehr Nervenendigungen und sind entsprechend größer.

Entwicklung des Gehirns

Neugeborene Kätzchen besitzen auffallend weniger Windungen in der Hirnrinde als erwachsene Katzen. Doch das Katzengehirn wächst sehr schnell und hat nach drei Monaten bereits die Größe des Hirns einer erwachsenen Katze (20–30 g) erreicht. Es ist also fünfmal größer als bei der Geburt. Deshalb ist es nicht verwunderlich, dass unzureichende Ernährung der Jungkätzchen das Verhalten schwer schädigen kann.

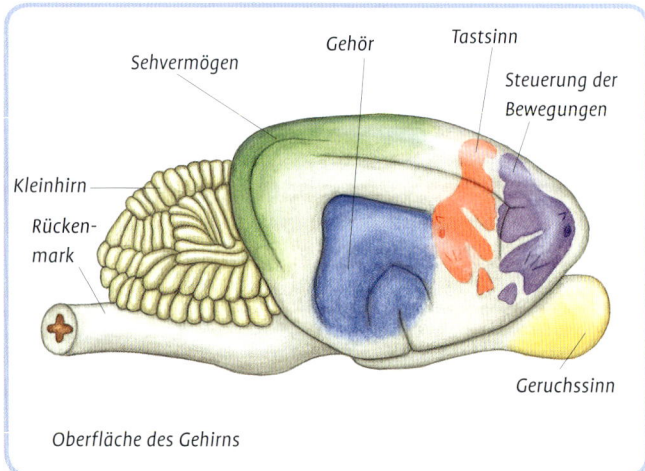

Sehvermögen · *Gehör* · *Tastsinn* · *Steuerung der Bewegungen* · *Kleinhirn* · *Rückenmark* · *Geruchssinn*

Oberfläche des Gehirns

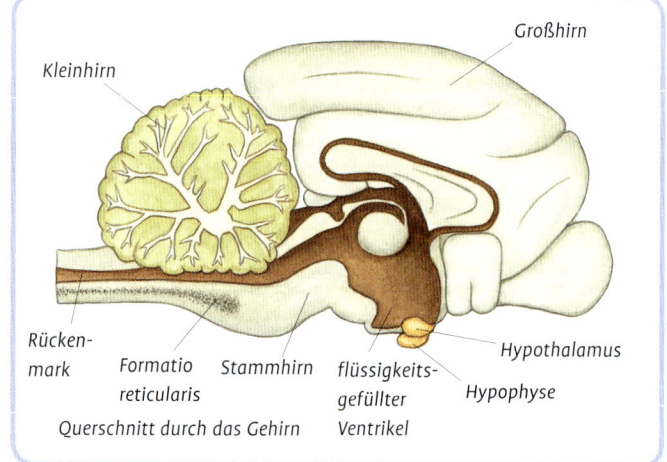

Kleinhirn · *Großhirn* · *Rückenmark* · *Formatio reticularis* · *Stammhirn* · *flüssigkeitsgefüllter Ventrikel* · *Hypothalamus* · *Hypophyse*

Querschnitt durch das Gehirn

12 Kampf und Flucht

Das limbische System liegt unterhalb der Hirnrinde in einem der evolutionsgeschichtlich älteren Teile des Gehirns. Es ist für das Empfinden von Freude und auch für die Vermeidung von Schmerzen zuständig. Der Hypothalamus und die Hypophyse gehören zum limbischen System und sind stark an emotionalen Empfindungen beteiligt.

Körperbau

veranlassen die parasympathischen Nerven die Pupillen einer aggressiven Katze, sich zu verengen, während die sympathischen Nerven die Pupillen einer ängstlichen, defensiven Katze erweitern. Die normale Pupillengröße einer entspannten Katze ist vorhanden, wenn sich beide Nervensysteme im Gleichgewicht befinden.

Die sympathischen Nervenendigungen setzen Noradrenalin (ein Hormon, das auch die Nebennieren produzieren) in den Muskeln frei. Die Nebenniere beeinflusst Stressreaktionen des Körpers, wie sie bei Revierstreitigkeiten und der Wohnungshaltung von Katzen auftreten, indem sie Kortison produziert, das die Stoffwechselrate erhöht. Adrenalin löst Kampf- oder Fluchtreaktionen aus, indem es die Katze ängstlich oder aggressiv macht. Wieder andere Hormone sind für verschiedene Aspekte des täglichen Lebens der Katze verantwortlich. Zum Beispiel steuern sie das sexuelle Verhalten. Bei der Paarung senden die Nerven Signale an Gehirn und Hypothalamus, so dass es zur Ausschüttung des luteinisierenden Hormons durch die Hypophyse kommt. Dies hat zur Folge, dass die Follikel reifen und Eizellen freigesetzt werden.

Der Hypothalamus

Der Hypothalamus verbindet Gehirn und hormonelle Kontrolle. Er steuert die Freisetzung von Hormonen aus der Hirnanhangdrüse (Hypophyse) und kann auch selber Hormone produzieren. Dadurch werden wiederum andere Drüsen angeregt, ihre Hormone in den Kreislauf der Katze auszuschütten und ihre Wirkung auf den Körper zu entfalten. Hormone wie das in der Nebenniere produzierte Adrenalin steuern viele physiologische Vorgänge während einer emotionalen Reaktion. In ähnlicher Weise beeinflusst das von den Hoden freigesetzte Testosteron das Verhalten von Katern.

Der aktuelle Hormonspiegel wird an den Hypothalamus und an die Hirnanhangdrüse weitergeleitet, die die Ausschüttung der Hormone kontrolliert und nach Bedarf steuert.

Kontrollfunktion des Nervensystems

Spontane Körperreaktionen wie Flucht oder Kampf werden durch das vegetative Nervensystem gesteuert. Unwillkürlich gesteuerte Muskeln wie die im Katzenauge werden sowohl vom parasympathischen als auch vom sympathischen Nervensystem regiert. Sie wirken auf gegensätzliche Weise. So

verwandte Themen ... 18 19 29 31 50 51

13 Instinktives Verhalten

Durch seine Wirkung auf die Hormonausschüttung (siehe S. 23) scheint der Hypothalamus der Katze auch auf einen Einfluss auf ihr angeborenes Verhalten zu haben. Lebenswichtige Funktionen wie Nahrungsaufnahme, Trinken und Paarung, aber auch heftige Emotionen wie Wut, Aggression und Angst haben alle dort ihren Ursprung.

Körperbau

Angeborenes oder erlerntes Verhalten?

Forscher fanden heraus, dass man durch Stimulation des Hypothalamus Katzen dazu bringen kann, reflexartig ihre Ohren anzulegen, sich zu ducken, zu knurren und einen Katzenbuckel zu machen. Bei Katzen, die normalerweise keine Ratten jagten, führte eine ähnliche Stimulation des Hypothalamus dazu, dass sie die Ratte attackierten und töteten. Doch dieser Attacke fehlte eine erlernte Komponente des Könnens und der feinen Abstimmung. Sie wirkte mechanisch, was eher auf ein angeborenes Verhaltensmuster schließen ließ.

Daher muss man zwischen instinktivem und erlerntem Verhalten unterscheiden, weil beide wahrscheinlich von unterschied-lichen Stellen im Gehirn kontrolliert werden. Das instinktive wird eher von den älteren, das erlernte eher von den jüngeren Gehirnteilen gesteuert. Ebenso ist davon auszugehen, dass ein durch heftige Emotionen ausgelöstes Verhalten aus dem älteren Teil des Gehirns stammt, der sich bei Mensch und Katze bemerkenswert ähnelt. Folglich sind wir Menschen in unseren nicht steuerbaren Gefühlen der Katze ähnlich.

14 Gedächtnis

Viele Menschen glauben fälschlicherweise, dass Tiere kein Gedächtnis hätten (siehe S. 20). Dahinter steckt immer noch die abwertende Einstellung von Descartes und seinen Vorgängern, die Tieren jegliche Denkfähigkeit absprachen. Es hat sich jedoch gezeigt, dass Katzen durchaus ein Erinnerungsvermögen besitzen, das sie im Umgang mit Menschen auch einsetzen.

Körperbau

Pawlows Hunde

Katzen zeigen wie Hunde eine klassische pawlowsche Konditionierung, wenn sie täglich zur Fütterungszeit pünktlich zur Stelle sind. Pawlow läutete jedes Mal eine Glocke, wenn er seine Hunde fütterte, so dass nach einiger Zeit der Klang der Glocke ausreichte, um bei ihnen Speichelfluss zu erzeugen. Sie kamen sofort bei Erklingen der Glocke und zeigten damit ihr Erinnerungsvermögen. Füttert man Katzen stets zur exakt selben Zeit, tauchen sie fast auf die Minute genau auf. Sie bringen ihre Fütterung eher mit der Zeit in Verbindung als mit einem Geräusch. Der Wechsel von Sommer- und Winterzeit ist für sie daher sehr irritierend. Ein weiteres Beispiel für ihr Gedächtnis ist, dass sie ihren Menschen täglich um die gleiche Zeit von der Arbeit zurückerwarten.

verwandte Themen ... 11 39 57 79

15 Neugier

Das englische Sprichwort „curiosity killed the cat" macht deutlich, dass die Katze von jeher als sehr neugierig angesehen wird. Sie ist ständig auf Entdeckungstour, versteckt sich an schlecht zugänglichen Orten und stupst mit den Pfoten unbekannte Objekte an, um deren Reaktion zu testen. Doch dieses Verhalten ist nicht ohne Risiko, wie das Sprichwort sagt.

Körperbau

Neugier und Lernfähigkeit

Junge Katzen sind extrem neugierig. Zwar bringt sie dies häufiger in Schwierigkeiten, doch erfüllt diese Abenteuerlust auch einen praktischen Nutzen: Das Kätzchen lernt seine Umwelt sehr schnell kennen. Etwa sechs Monate oder weniger hat das Katzenkind Zeit, sich auf das Erwachsenenleben vorzubereiten. Es muss lernen zu jagen, mit der Beute umzugehen, sich mit seiner Umwelt vertraut zu machen und Gefahren aus dem Weg zu gehen.

Die Erkundung neuer Objekte gehört zu vielen Katzenspielen und lässt sich besonders gut bei etwa zehn Wochen alten Kätzchen beobachten. Dies ist notwendig in der Entwicklung der Jungkatzen, die lernen müssen, wie man kleine Beutetiere ausfindig macht. Für die jagende Katze ist ständige Neugier (zwischen zwei Nickerchen!) lebenswichtig, da sie stets nach Beute Ausschau halten muss. Während der Jagd und der Betäubung der Beute ist die Katze sowohl wachsam als auch vorsichtig. Die kleinste Bewegung versetzt eine

Katze in Alarmbereitschaft. Während sie ein Beutetier, das sich nicht rührt, mit der Pfote anstupst, um seinen Zustand zu testen, veranlasst eine plötzliche Bewegung der Beute die Katze, die Jagd wieder aufzunehmen.

Wir Menschen nützen diese Reaktion der Katze auf kleinste Bewegungen aus, wenn wir mit ihr „Katz und Maus" spielen, also eine Schnur oder anderes Spielzeug hinter uns herziehen. Auch andere Dinge erregen die Neugier der Katze. Schachteln, die gemütlich sind und genau die richtige Katzengröße haben, oder Autos, die nach Mensch riechen und mit viel Aktivität unsererseits in Verbindung gebracht werden. Katzen erkunden jeden Winkel eines Autos. Und manche scheinen auch gern fernzusehen. Ihre Aufmerksamkeit richtet sich auf Bewegungen auf dem Bildschirm, die ungefähr so schnell sind wie die eines Beutetieres, zehnmal schneller als wir sie wahrnehmen können.

Jagen oder hungern?

Paul Leyhausen fand heraus, dass der Jagdtrieb bei Katzen noch ausgeprägter ist als der Nahrungsbedarf. Vor den Augen einer eingesperrten Katze ließ er eine Maus nach der anderen frei und stellte fest, dass sie nicht genug bekommen konnte. Selbst als sie einige Mäuse im Maul und jeweils eine unter jeder Vorderpfote hatte, versuchte sie noch weitere zu fangen. Leyhausen nahm an, dass in der Reihenfolge der lebenswichtigen Triebe der Jagdtrieb noch über dem Hunger steht. Für Jäger kleiner Beute ist der Zwang zum Jagen überlebenswichtig. Dies führt zu Verhaltensweisen, die von Katzenhaltern oft mit Neugier verwechselt werden – wie die Bereitschaft der Katze, jedes Mal zum Kühlschrank zu rennen, sobald er geöffnet wird, obwohl sie nicht unbedingt hungrig ist.

16 Es liegt in den Genen

Katzengenetik ist nicht einfach, doch sie folgt einem bestimmten Grundmuster, auch wenn es viele Ausnahmen gibt. Im frühen 20. Jahrhundert stießen Biologen auf das Werk Gregor Mendels, der um das Jahr 1860 die Prinzipien der Vererbungslehre entdeckte. Er fand heraus, dass charakteristische Eigenschaften über die so genannten Gene vererbt werden.

Fellfarbe

Gene kann man als Abschnitte auf den Chromosomen verstehen, die aus der Erbsubstanz DNS bestehen. Jede Körperzelle der Katze besitzt 19 Chromosomenpaare. Geschlechtszellen besitzen nur den einfachen Chromosomensatz. Erst bei der Befruchtung verschmelzen zwei Geschlechtszellen, so dass sich wieder der doppelte Satz ergibt. Jedes Kätzchen erbt von beiden Elternteilen jeweils ein Gen für jede Eigenschaft. Am Anfang der Domestizierung waren alle Katzen getigert (Wildform). Ihre Farbgene waren weitgehend identisch. Sehr selten treten jedoch Mutationen auf und diese genetischen „Fehler" sind der Ursprung der vielfältigen Fell- und Farbnuancen bei unseren heutigen Hauskatzen.

Die erste Farbmutation war schwarz (Melanismus). In einem fast ausschließlich aus getigerten Katzen bestehenden Wurf, dessen Eltern ebenfalls getigert sind, kann sich ein schwarzes oder anderes einfarbiges Junges befinden. Meist dominiert eine Fellfarbe über eine andere, die dann als rezessiv bezeichnet wird. Getigert dominiert über Schwarz. Wenn sich also eine getigerte und eine schwarze Katze paaren, sind alle Nachkommen getigert. Wenn sich allerdings zwei dieser Nachkommen paaren, entstehen dabei sowohl getigerte als auch schwarze Kätzchen. Genetisch gesehen sind alle Hauskatzen getigert. Selbst bei einfarbigen Katzen kann man bei bestimmten Lichtverhältnissen noch die Tigerzeichnung erkennen. Manche Farben entstehen, weil zusätzliche Gene die übrigen verändern. So wird Schwarz durch ein weiteres rezessives Gen zu Schokoladenbraun.

Das Rot-Gen

Es wird allgemein angenommen, dass Gene unabhängig voneinander vererbt werden, doch manche befinden sich auf dem gleichen Chromosom und werden daher auch zusammen weitergegeben. Ein Chromosomenpaar bestimmt über das Geschlecht der Katze. Weibchen besitzen ein XX-, Männchen ein XY-Chromosomenpaar. Das Y- ist kleiner als das X-Chromosom. Jede Eizelle trägt ein X-Chromosom, die Samenzelle jedoch entweder ein X- oder ein Y-Chromosom. Folglich ist jedes mutierte Gen auf einem Geschlechtschromosom geschlechtsgebunden. Das Rot-Gen liegt auf dem X-Chromosom. Da der Kater nur eins davon besitzt, kann es nur rot (O) oder nicht-rot (o) sein. Dagegen kann ein Weibchen mit seinen beiden X-Chromosomen rot (OO), Schildpatt (Oo) oder nicht-rot (oo) gefärbt sein.

Unvollständige Dominanz

Es herrscht meist das Alles-oder-Nichts-Prinzip: Ein Gen ist dominant oder rezessiv. Eine Ausnahme bildet die unvollständige Dominanz, bei der beide Gene ausgeprägt sind, aber keins dominant ist. Ein Beispiel sind die Katzen mit Maskenzeichnung aus Südostasien. Kreuzt man eine Sealpoint-Siam mit einer traditionellen Burma, erhält man Tonkanesen mit abgeschwächter Maskenzeichnung.

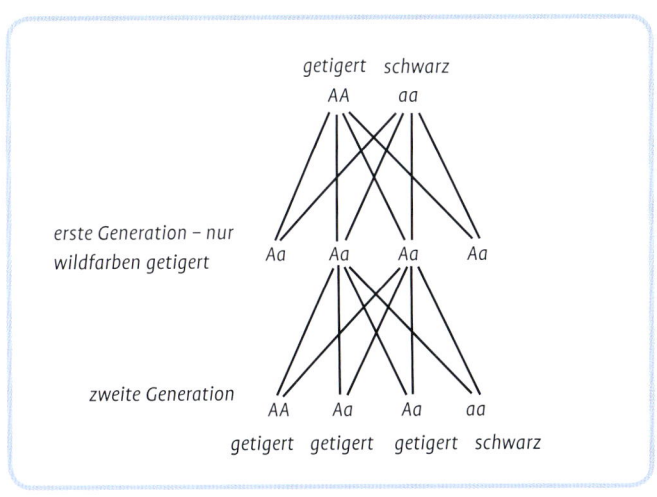

Katzenleben

Territoriales Verhalten

Die Begriffe Revier und Aktionsraum werden oft austauschbar verwendet, obwohl sie für den Katzenbiologen zwei unterschiedliche Dinge bezeichnen: Ein Revier ist das Gebiet, das eine Katze gegen ihre Artgenossen verteidigt, während der Aktionsraum den Bereich bezeichnet, in dem die Katze normalerweise lebt. Ein Revier ist meist etwas kleiner als der Aktionsraum. Beide sind je nach Typ der Katze anders gestaltet.

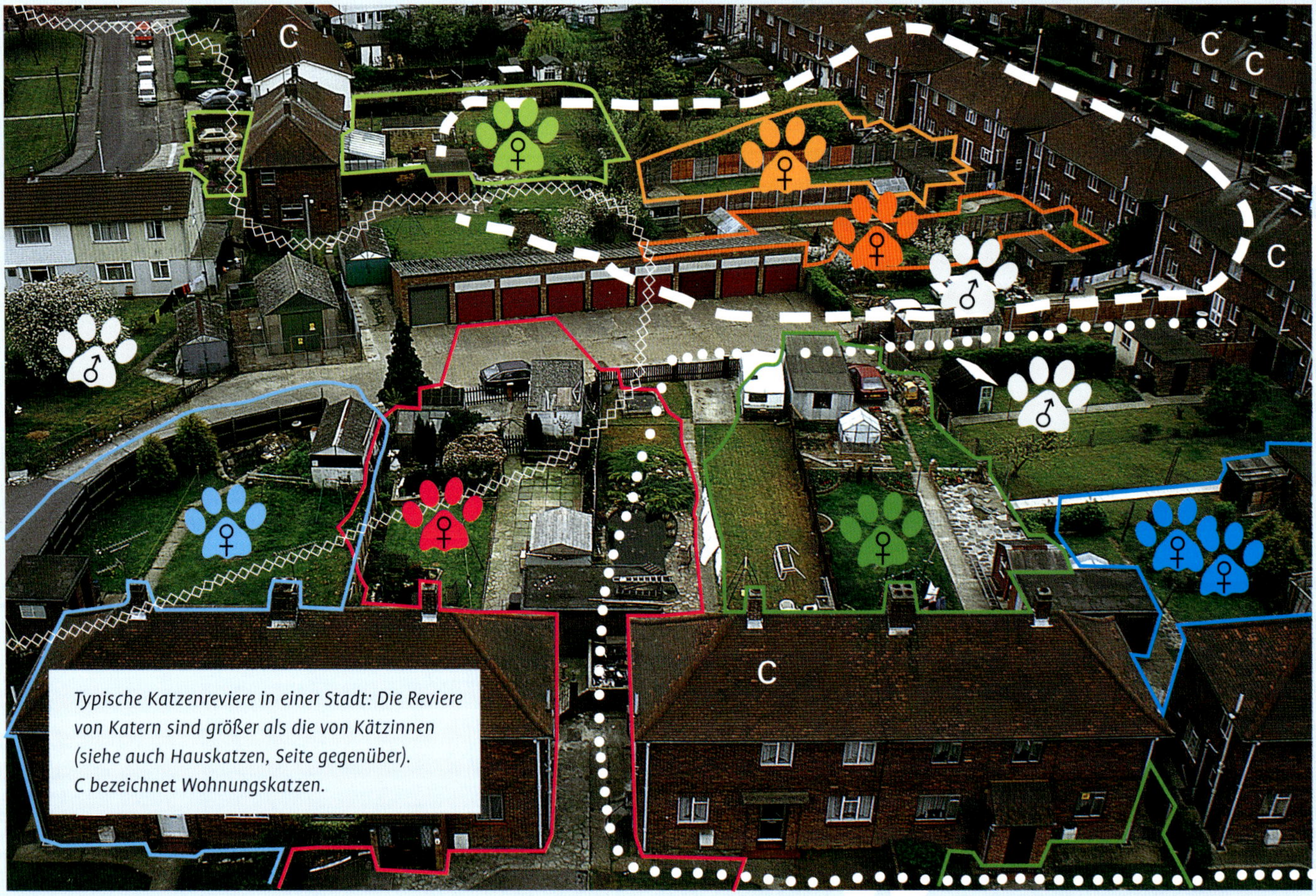

Typische Katzenreviere in einer Stadt: Die Reviere von Katern sind größer als die von Kätzinnen (siehe auch Hauskatzen, Seite gegenüber). C bezeichnet Wohnungskatzen.

Nahrungssuche

Das Bedürfnis nach Nahrung ist allen Tieren gemeinsam. Ihr Lebensraum bestimmt die Verfügbarkeit und die Menge an Nahrung und damit die soziale Organisation des Tieres. Eine offene Landschaft eignet sich als Weide für große Pflanzenfresserherden. Daher werden im Rudel jagende Raubtiere wie Wölfe dort ebenfalls erfolgreich sein. In einer eher unübersichtlichen Umgebung ist es dagegen genau umgekehrt. Der Aktionsraum einer einzeln jagenden Katze ist ihre individuelle Angelegenheit, ebenso wie ihr Territorium.

Aktionsraum

In den 1970er Jahren begann ich, das Verhalten wild lebender Katzen zu untersuchen. Zu dieser Zeit galten diese Katzen entweder als Schmusetiger oder Plage. Man dachte, wenn sie niemandem gehörten, müssten sie hungern. Bei meinen Studien stellte sich aber heraus, dass es den wild lebenden Katzen gesundheitlich nicht schlechter ging als den Hauskatzen. 1977 konzentrierte ich mich auf den Fitzroy Square mitten in London. Hier ernährten sich die Katzen von Abfall, wurden aber zusätzlich von Tierfreunden gefüttert. Die Kater hatten Reviere von 2 ha, während die der Kätzinnen nur etwas über 0,2 ha groß waren. Auf einem Hektar lebten ungefähr zwölf Katzen.

Gemeinschaft. Die Kätzin bildet die Basiseinheit für die Revierbildung. Sie nimmt so viel Land in Anspruch, wie sie zum Überleben braucht. Der Kater verteidigt ein größeres Gebiet, in dem die Kätzinnen, mit denen er sich wahrscheinlich paaren wird, ihre Jungen in Sicherheit aufziehen können. Befindet sich die Nahrung vorwiegend an einem festen Ort, etwa bei Abfalltonnen oder an einer Fütterungsstelle, haben die Katzen eine gemeinsam genutzte Kernzone. Wo das Futter knapp ist, überlappen sich die Aktionsräume der Kätzinnen weniger stark. Nach der Kastration eines Katers aus der Katzenkolonie am Fitzroy Square verringerte sich sein Aktionsraum auf die gleiche Größe wie die der Kätzinnen. Zwei weitere Kater zogen nach der Kastration fort. Kater sind meistens mobiler als Kätzinnen.

Hauskatzen

Bei Stadtkatzen liegen die Aktionsräume dichter beieinander, weil sie uns sowohl als Futterquelle und auch als Artgenossen betrachten. Jede Hauskatze bildet mit ihren Haltern zusammen eine eigene Gruppe mit einer gemeinsamen Kernzone innerhalb des Hauses. Eine Kätzin betrachtet ihre Besitzer als ihre Gruppe und zeigt territoriale Verhaltensweisen gegenüber Nachbarkätzinnen, als gehörten sie einer anderen Gruppe an. Bei Hauskatern überschneidet sich der Aktionsraum auch mit dem mehrerer Kätzinnen und ist entsprechend groß. Das Revier von Kätzinnen ist nur etwas größer als der eigene Garten, bei Katern wiederum drei- bis zehnmal größer.

Ähnliche Studien führte ich bei Hauskatzen durch, die in dicht besiedelten Wohngebieten Londons lebten. Obwohl Hauskatzen domestiziert sind, war ihr Aktionsraum früher kaum begrenzt. Dennoch wandern sie nicht ziellos durch die Gegend. Sie setzen sich ihre eigenen Reviergrenzen und haben ein wachsames Auge auf die Nachbarkatze. In einem Wohngebiet aus Reihenhäusern mit kleinen Gärten lebten 20 Katzen pro Hektar. Kastrierte Kätzinnen beanspruchen durchschnittlich nur 0,029 ha für sich. Bei Katern umfasste das Revier etwas mehr als 0,18 ha, bei kastrierten nur etwa 0,11 ha. Anscheinend begnügen sich Hauskatzen mit relativ wenig Aktionsraum.

Eine von David Macdonald und Peter Apps durchgeführte Studie an Bauernhofkatzen zeigte dagegen, dass der Aktionsraum von Kätzinnen 6 ha, der von Katern noch weit mehr umfasste. Die Populationsdichte war etwa 100-mal niedriger als bei den frei lebenden Stadtkatzen. Das war erstaunlich, denn sowohl die wild lebenden als auch die Bauernhofkatzen wurden zusätzlich gefüttert und beide hatten freien Auslauf. Warum war dann die Populationsdichte in der Stadt viel höher?

Die Antwort: Die Größe des Aktionsraumes richtet sich danach, wie viel Nahrung die Katze in diesem Gebiet findet. Ist reichlich vorhanden, muss der Aktionsraum nicht so groß sein wie bei Futterknappheit. Kurz gesagt, in der Stadt ist mehr Futter zu finden als auf dem Land. Die große Anzahl frei lebender Katzen in den Städten ist darauf zurückzuführen, dass sie mit dem, was sie im Abfall finden und von Tierfreunden erhalten, mehr als gut zurechtkommen.

Kater und Kätzinnen

Kater haben einen drei- bis zehnmal größeren Aktionsraum als Kätzinnen, obwohl sie selbst nicht viel größer sind und demnach auch nicht viel mehr Nahrung benötigen. Studien an wild lebenden Katzen zeigten dasselbe Verhältnis. Meinen Beobachtungen zufolge glaube ich, dass der Grund dafür sozialer Natur ist. Die Aktionsräume der Kater überschneiden sich mit denen der Kätzinnen aus derselben sozialen Gruppe. Der Kater grenzt die Kätzinnen seiner Gruppe gegenüber fremden ab und sorgt für Stabilität innerhalb einer genetisch verwandten

17 Heimatgelände

Der Aktionsraum einer Katze ist keine absolute Größe: Er hängt von der Jahreszeit und sogar von den Nachbarkatzen ab. Im Winter gehen Hauskatzen nicht gern ins Freie. Im Sommer haben sie dann im Garten ihre sonnigen und schattigen Lieblingsplätze. Außerdem nutzen sie bestimmte Plätze, um Kot abzusetzen, sowie andere zum Patrouillieren und als Aussichtsplätze.

Kernzone

Die Welt innerhalb des Hauses, in der wir am häufigsten Kontakt mit unserer Katze haben, entspricht der Kernzone von sich überschneidenden Aktionsräumen wild lebender Katzen (siehe auch S. 30–31). Je nach Nutzung des Gartens fallen die Überschneidungen unterschiedlich aus. Meist hat das Streifgebiet einer Kätzin in etwa die Größe Ihres Gartens, während Kater weiter umherstreifen. Der Übergang zwischen Innen- und Außenwelt ist die Tür oder Katzenklappe. Die Nutzung der Klappe mag soziale Spannungen zur Folge haben. Meistens überwiegen jedoch die Vorteile.

Regeln bei mehreren Katzen

Die Haltung mehrerer Katzen in einem Haushalt nimmt immer mehr zu. Dies hat sowohl gute als auch schlechte Einflüsse auf das Revierverhalten unserer Katzen. Kommt eine neue Katze ins Haus, müssen nämlich die Revieransprüche neu geregelt werden. Das kann zu vorübergehenden Problemen und Stress zwischen den Tieren führen.

Je freundlicher Sie selbst zu Ihren Nachbarn sind und je häufiger Sie sich gegenseitig im Garten besuchen, desto toleranter werden auch Ihre Katzen untereinander sein. Es scheint, als fühlten die Katzen sich nun zu einer größeren Gruppe zugehörig. Dabei können sich Dinge ereignen, die sonst nur innerhalb der eigenen Gruppe zu beobachten sind.

Bringt beispielsweise eine Katze ihre Beute in den eigenen Garten zurück, so könnte sich die Nachbarkatze, die im Garten der Jägerin geduldet wird, auch dafür interessieren. Aber wenn sie nicht besonders aggressiv ist, wird sie sich wahrscheinlich nicht einmischen. Wenn die Beute jedoch entkommt, dann wird nicht nur die Katze, der sie entfliehen konnte, die Gartengrenze überschreiten, sondern auch die von der Gruppe „adoptierte" Nachbarkatze.

18 Reviermarken

Da die meisten Reviere größer sind als die Katze auf einen Blick überschauen kann, ist sie dazu gezwungen, Duftbotschaften zu hinterlassen oder wahrzunehmen. Sie kann verschiedene Gerüche sehr fein auseinander halten. Für uns Menschen sind nur die Markierungen der Kater deutlich wahrnehmbar.

Markieren mit den Kinndrüsen

Hierbei reibt die Katze die großen Talgdrüsen entlang der Lippen und des Kinns an einem Objekt. Sie nimmt dazu eine geduckte Haltung ein, streckt das Kinn nach vorn und reibt sich auf dem Boden. Möglicherweise wurde sie durch den Geruch aus den Analdrüsen einer anderen Katze oder einen anderen markanten Duft angelockt. Manchmal zeigt die Katze dieses Verhalten viel intensiver, indem sie ausgiebig schnuppert und sich fast wie besessen reibt. Sobald die Stelle markiert ist, verliert die Katze das Interesse daran.

Markieren durch Reiben

Katzen besitzen kaum Schweißdrüsen, wohl aber Talgdrüsen zum Schutz des Fells und zur Erzeugung von Duftmarken. Die Drüsen befinden sich auf Lippen und Kinn, oben am Kopf und auf dem Schwanz. Wenn wir eine Katze streicheln oder sie an uns vorbeistreicht, dann nehmen wir ihren Geruch an und sind als Gruppenmitglieder zu identifizierten.

Beobachten Sie einmal Ihre Katze im Garten. Sie wird von Gerüchen angelockt, die zum Beispiel an einem Pflanzkübel oder einer Mauer haften. Zuerst wird sie etwa fünf Sekunden lang daran schnuppern, um sich dann an derselben Stelle mit den Wangen oder auch der Körperseite und dem Hinterkopf zu reiben. Eventuell beschnuppert sie das Objekt ein zweites Mal und streicht noch einmal daran vorbei. An einem kahlen Busch oder Stock wird sich die Katze länger und mit leicht geöffnetem Maul reiben. Oft scheuern sich Katzen auch mit dem ganzen Körper an einem Objekt. Dieses Verhalten dient in Haushalten mit mehreren Katzen oder unter wild lebenden Artgenossen der Gruppenidentität und ruft gleichzeitig eine starke Bindung unter den Gruppenmitgliedern hervor.

Krallen schärfen

Wenn eine Katze mit ihren Krallen Baumrinde zerkratzt, schärft sie sie damit nicht nur, sondern hinterlässt auch gleichzeitig eine Markierung oder zeigt, wie Dennis Turner vermutet, ihre Dominanz. Katzen tun dies eher, wenn Artgenossen oder auch ihre Menschen anwesend sind, so dass es sich außerdem um eine gegenseitige Zusicherung der Revieransprüche handeln könnte.

verwandte Themen ...   19   41   49   59   88   90   100

19 Besitzansprüche

Auch mit dem Verspritzen von Harn markieren Katzen ihr Revier. Kätzinnen sind dazu ebenfalls in der Lage, tun es aber weniger häufig als Kater. Die Harnspritzer von Katern haben einen durchdringenden, unverwechselbaren Geruch. Auch kastrierte Kater können noch mit Urin markieren, doch ist der Geruch nun weniger streng.

handelt, werden diese bei einem Revierkonflikt besonders stark markiert. Beim Passieren der Katzenklappe bleibt Fett aus dem Fell der Katze hängen. Sie wird daher die Klappe immer wieder sorgfältig beschnuppern, um sicher zu sein, das kein fremder Geruch daran haftet. Bei fremden Gerüchen wird die Katze vorsichtiger und nimmt sich mehr Zeit, bevor sie ins Freie geht.

Dass das Markieren die Katze sicherer macht, ist auch daran zu sehen, wo sie ihre Harnspritzer hinterlässt. Meist sind es stark frequentierte Orte wie das Jagdrevier. Die Grenzen des Aktionsraumes dagegen werden weniger häufig markiert. Dies unterstreicht den Unterschied zwischen Revier und Aktionsraum (siehe S. 30–31). Die Katze verhält sich nicht wie auf einem Patrouillenrundgang, sondern sie sichert sich das Nutzungsrecht. Dass diese Markierungen als Besitzanspruch anzusehen sind, zeigt die Tatsache, dass Kater mehr Zeit damit verbringen, die Duftmarken fremder Kater zu untersuchen als die der benachbarten Katzen.

Wie es funktioniert

Der Kater wendet das Hinterteil dem zu markierenden Objekt zu, richtet sich auf und verspritzt mit erhobenem und zuckendem Schwanz eine scharf riechende Flüssigkeit. Bei Bauernhofkatzen hat man festgestellt, dass die Kater häufiger markieren, wenn sich eine rollige Kätzin in der Nähe aufhält. Die häufigsten Markierungen, nämlich 63 pro Stunde, verzeichnete Peter Apps bei auf dem Land lebenden Katern. Dabei handelt es sich nicht um ein Entleeren der Blase, da die verspritzte Menge ausgesprochen gering ist. Corbett studierte Katzen auf der Insel North Uist, die auf ihren Streifzügen alle fünfeinhalb Minuten markierten.

Sicherheit

Wenn eine Katze ihre alle anderen Gerüche überdeckende Markierung abgesetzt hat, fühlt sie sich ihres Reviers sicher. Bei Revierstreitigkeiten kann sich die Markierungsrate erhöhen. Da es sich bei Türen mit einer Katzenklappe um stark frequentierte Punkte

20 Auf der Jagd

Das Jagen liegt in der Natur der Katze. Selbst bei einer satten Hauskatze ist der Instinkt hellwach, sich an ein Tier anzuschleichen, es anzuspringen und zu töten. Kätzchen erlernen das Jagen schon wenige Wochen nach ihrer Geburt, indem sie spielerisch das Anspringen, Auflauern, Verfolgen sowie schnelle Sprints üben.

Anschleichen oder schlafen?

Meist haben wir bei einer jagenden Katze die klassische Abfolge aus Anschleichen, Fangen und Töten vor Augen. Das Anschleichen wird zwar gelegentlich verwendet, um Vögel auf dem Boden zu fangen, aber ist nicht immer angebracht. Vögel besitzen ein weites Gesichtsfeld und können fliegen. Die Katze wendet oft eine andere Methode an, bei der sie ein paar Schritte rennt, um dann wie angewurzelt stehen zu bleiben. Der Körper wird so nah am Boden gehalten, dass die Schulterblätter weit nach oben ragen.

Bei erfolgreichen Jagden ist oft ein kleines Säugetier die Beute. Erfahrene Katzen sind ständig aufmerksam, auch wenn es den Anschein hat, sie würden ziellos umherstreifen oder sogar dösen. So braucht die fleischfressende Spitzmaus etwa alle zwei Stunden Nahrung, und das Tag und Nacht, Winter wie Sommer. Sie ist dabei so auf ihre Futtersuche konzentriert, dass sie nicht beachtet, wie das Laub unter ihren Füßen raschelt. Die pflanzenfressenden Wühlmäuse dagegen bewegen sich unter der Pflanzendecke und sind somit unsichtbar. In beiden Fällen kann die Beute weniger als einen Meter entfernt sein, bis die Katze die Bewegungen wahrnimmt. Da die Katze ein Geräusch schwieriger orten kann, wenn sie sich bewegt, verharrt sie regungslos und bewegt die Ohren in alle Richtungen. Es kann vorkommen, dass das arglose Beutetier der Katze direkt vor die Füße läuft, wobei diese dann zögert und statt zuzupacken die Beute mit der Pfote stupst.

Wie oft und ob die Katze ein Tier erbeutet, hängt von vielerlei Faktoren ab. Wenn ein Kätzchen das Jagen nicht lernt, wird es als erwachsene Katze auch kein erfolgreicher Jäger. Manche Tiere sind leichter zu erbeuten als andere. Wenn im Frühling die Vögel flügge werden und die jungen, unerfahrenen Kaninchen zum ersten Mal ihren Bau verlassen, sind sie für Katzen leichte Opfer.

Beobachten und abwarten

Hauskatzen reagieren völlig gelassen, wenn es der Beute gelingt, sich in ein Versteck zu retten. Eine Zeitlang versuchen sie, das Tier wieder zu angeln, doch dann warten sie ab, bis es wieder von selbst auftaucht. Hat sich das Beutetier in ein Erdloch geflüchtet, versucht die Katze, es mit den Pfoten herauszuholen. Hat sie Erfolg, wird sie das Tier immer wieder mit den Pfoten anstupsen. Die Katze hat auch allen Grund, so vorsichtig zu sein, denn die Wühl- oder Spitzmäuse werden sich auf jeden Fall mit den Zähnen wehren.

verwandte Themen ...   6   10   22   39

21 Das „Spiel" mit der Beute

Wenn Katzen mit ihrer Beute beschäftigt sind, scheint es, als spielten sie damit. Viele Kritiker und auch viele Katzenbesitzer empfinden das als überflüssige Grausamkeit. Doch dieses „Spiel" ist weit wichtiger als es auf den ersten Blick wirkt. Vermutlich verringert die Katze damit ihr eigenes Verletzungsrisiko.

Selbstverteidigung

Beutetiere können sich verteidigen und entsprechend verhält sich die Katze. Maulwürfe drehen sich auf den Rücken und können empfindlich zubeißen (siehe S. 37, Foto rechts unten), ebenso Ratten, Mäuse und Spitzmäuse. Ihre Bisse können gefährliche Infektionen verursachen. Leyhausen fand heraus, dass ein nach leichter Berührung laut quiekendes Nagetier die Katze dazu veranlasste, es in Ruhe zu lassen. Doch wenn die Katze Hunger hatte, sah die Sache anders aus! In der kurzen Spanne zwischen Fangen und Loslassen kann es einem kleinen Vogel gelingen aufzufliegen, so dass es ein Teil des „Spiels" der Katze ist, dies zu verhindern.

Die Beute ermüden

Das Spiel mit der Beute erfüllt auch die Funktion, das Tier zu ermüden, bis sich die Gelegenheit zu einem Nackenbiss bietet. Dies gilt vor allem für Spitzmäuse. Wenn die Katze sie das erste Mal wieder freigibt, rennen sie davon. Da sie selbst Fleischfresser sind, können sie die Katze jederzeit empfindlich beißen. Fängt die Katze die Spitzmaus wieder ein, muss sie schnell handeln und vor Bissen auf der Hut sein. Je erschöpfter die Maus ist, desto langsamer wird sie, doch sie verteidigt sich bis zuletzt.

Zum Töten der Beute muss die Katze sie freilassen und in den Nacken beißen. Katzen haben eine kurze Schnauze, um kräftiger zubeißen zu können. Aber obwohl sie

wegen ihres abgeflachten Gesichts ausgezeichnet sehen, ist der Bereich um das Maul für sie kaum zu erkennen. Sie können mit den Tasthaaren die Beute erfühlen, was das Sehen nicht ersetzt. Auch deshalb ist es sehr wichtig, dass die Beute durch das „Spiel" leicht betäubt wird.

Dann muss sich die Katze davon überzeugen, dass das Tier auch wirklich benommen ist, bevor sie einen Kontakt riskiert. Sie sitzt einfach nur da und schaut scheinbar desinteressiert in die Gegend. Ist die Beute nicht richtig betäubt, sondern wartet nur auf eine Gelegenheit zur Flucht, wird die Katze diesen Moment nutzen. Die Jagd geht von vorn los und der ganze Vorgang wiederholt sich, bis die Beute entweder völlig erschöpft oder endgültig geflohen ist (siehe auch S. 38–39).

verwandte Themen ... 2 4 5 20 22

22 Der tödliche Sprung

Sobald eine Katze ihre Beute gesichtet hat, muss sie schnell handeln, sonst setzt sie ihren Vorteil aufs Spiel. Die Schlüsselrolle spielt dabei das Anspringen. Eine Zeitlang scheint die Katze noch zum eigenen Schutz mit der Beute zu spielen (siehe „Selbstverteidigung" auf der vorigen Seite). Der Tod kommt durch einen präzisen Nackenbiss.

Anspringen

Gelingt einer Wühlmaus die Flucht, kann die Katze sie mit Hilfe ihrer Ohren aufspüren und zum Sprung ansetzen. Dazu stellt sie sich auf ihre Hinterbeine, verlagert ihr Gewicht auf die ausgestreckten Vorderbeine und stürzt sich auf die Beute (bei Füchsen ist die gleiche Bewegung zu beobachten, der so genannte Mäuselsprung). Durch den starken Aufprall entweicht Luft aus der Maus und sie gibt einen unfreiwilligen Quieklaut von sich. In hohem Gras, in dem die Beute leicht entkommen kann, führt die Katze einen Sprung aus weiterer Entfernung durch. Sie bewegt ihren Körper dabei nach hinten, wobei die Füße bewegungslos verharren, und springt in hohem Bogen. Auf der Vogeljagd nutzt die Katze ebenfalls nicht immer die klassische Anschleichmethode. Sitzt der Vogel auf einem niedrigen Ast, reichen ein Sprint und ein gezielter Sprung, um die Beute zu fassen.

Töten

Einige Wildkatzenarten töten ihre Beute sofort durch einen Biss in den Nacken, doch die meisten Katzen spielen aus Sicherheitsgründen lange mit ihrer Beute. Hauskatzen geben das Beutetier nach seiner Betäubung meist frei, es gibt jedoch Situationen, in denen das Tier direkt durch einen Nackenbiss getötet wird. Aus seinen Beobachtungen folgerte Paul Leyhausen, dass Katzen meist in das Halsrückenmark beißen. Folgende Anzeichen deuteten auf eine tödliche Verletzung hin: Die Augen des Beutetiers treten hervor, Körper und Gliedmaßen zucken und der Schwanz ist ausgestreckt.

Die Fangzähne der Katze sind mit Nerven ausgestattet: Kommen sie mit Knochen in Kontakt, kann die Katze ihre Bissstärke regulieren und die Zähne wie einen Keil gezielt zwischen die Wirbel stoßen. Alan Hatch und ich haben zahlreiche, von Katzen getötete Kleinsäuger geröntgt und dabei keinerlei Schäden an den Wirbeln festgestellt.

verwandte Themen ...   2   16   21   39   40

Beobachtung einer Jägerin

Es gibt sowohl Unterschiede als auch Ähnlichkeiten, wenn eine Katze einen Vogel oder ein kleines Säugetier jagt. Ich konnte beide Arten anhand von Filmen von bei der Jagd ungestörten Katzen analysieren. Es ist interessant, die Unterschiede festzustellen und etwas mehr über die Jagdtechniken einer Katze zu erfahren. In den beiden beschriebenen Fällen entkam die Beute der Katze am Ende.

Katze und Vogel

Die Katze fängt ein junges Rotkehlchen und trägt es in den eigenen Garten (Revier). An einer bestimmten Stelle legt sie sich hin und gibt den Vogel frei. Sie stupst die Beute mit ihrer rechten Vorderpfote an, der Vogel fliegt auf und wird sofort wieder eingefangen. In den folgenden Minuten wiederholt sich diese Abfolge mehrere Male: Die Katze lässt den Vogel frei, geht weg, kommt zurück und stupst ihn an. Der Vogel fliegt auf und wird wieder gefangen.

Eine zweite, dem selben Haushalt angehörige Katze taucht auf. Durch diese Ablenkung kann der Vogel etwa einen Meter weit davonflattern. Die zweite Katze folgt nun und schnuppert an ihm. Der Vogel ver-

harrt stocksteif, was bei vielen Beutetieren recht häufig vorkommt und die Katze zu einem vorsichtigeren Verhalten veranlasst. Die zweite Katze ist keine erfahrene Jägerin, denn anstatt den Vogel zu töten, beschnuppert sie ihn und geht weg. Die erste Katze entfernt sich drei Meter von ihrer Beute, bis zu der Stelle, an der sie sich zuerst aufhielt. Diese zur Schau getragene Gleichgültigkeit ist durchaus üblich. Verharrt die Beute bewegungslos auf der Stelle, bleiben der Katze zwei Optionen. Entweder sie stupst sie mit der Pfote an, um zu testen, wie stark betäubt sie ist oder sie wartet ab und ermöglicht dem Tier die Flucht, was wiederum eine erneute Jagd zur Folge hätte. Um den Vogel wieder einzufangen, springt die Katze auf und zieht ihn mit den Vorderpfoten auf den Boden – die Erwachsenenversion des

Fliegenfang-Spiels im Kätzchenalter. Der Vogel, der bereits fünf Minuten regungslos verharrt hat, schaut sich nun vorsichtig um. Darauf schien die erste Katze gewartet zu haben: Sie geht zu dem Vogel hin, schnuppert an ihm, setzt sich, schnuppert in die Luft und sieht sich um.

Trotz der gespielten Gleichgültigkeit ist klar, dass die Katze den Vogel genau beobachtet. Nach etwa zwei Minuten erkennt das Rotkehlchen seine Chance zur Flucht und landet in etwa zweieinhalb Meter Höhe auf einer sechs Meter entfernten Efeumauer. Die Katze verfolgt ihn und trägt den Vogel im Maul zurück. Die Flucht hat bis zum Wiedereinfangen nur zehn Sekunden gedauert.

Die Katze bringt den Vogel nun an den Ausgangspunkt zurück und schaut zur Seite. Dieses Abwenden geschieht zu ihrer eigenen Sicherheit. Nachdem sie sich der Beute wieder zugewandt hat, schnuppert sie und zeigt eine dem Flehmen ähnliche Reaktion (S. 17). Umsehen und Flehmen wiederholen sich etwa eine halbe Minute lang. Dann steht die Katze auf und stellt sich ungefähr einen Meter hinter den Vogel. Wieder lässt sie sich nieder, schaut sich um und schnuppert. Nach einigen Minuten kehrt sie zurück, schnuppert kurz an der Beute und setzt sich wieder hin. Danach legt sie ihre linke Vorderpfote auf den Schwanz des Vogels und nimmt wie eine wachsame Sphinx neben ihm Platz.

Sie wiederholt ihre vorige Taktik und berührt den Rücken des Vogels, woraufhin dieser auffliegt. Kaum eine halbe Sekunde nach dem Auffliegen hat ihn die Katze mit der Pfote auf den Boden gedrückt und losgelassen. Während der Vogel auf dem Boden hüpft, kann er entkommen und

versperrt ihr mit ihrem Körper den Rückweg. Die Maus gibt nun jegliche Deckung auf und rennt quer durch den Garten. Nach etwa einem Meter hält sie an, die Katze ebenso. Nach 20 Sekunden stupst die Katze die Beute wieder an. Diese dreht sich mit geöffnetem Maul um und versucht zu beißen.

Die Abfolge wiederholt sich. Bemerkenswert ist, dass die Maus danach direkt unter der Katze hindurch rennt und sich im hohen Gras versteckt. Wieder stupst die Katze sie, diesmal allerdings kräftiger, mit ihrer Pfote an. Die Maus quietscht und die Katze wird vorsichtiger.

Schließlich springt sie auf ihre Beute, was einen weiteren Quieklaut zur Folge hat. Die Katze stößt die Maus wieder mit der Pfote an und hält dann inne. Eine halbe Minute lang sitzt sie da, schnuppert in die Luft und springt plötzlich mit nach vorne gerichteten Ohren auf die Beute. Der Vorgang wiederholt sich und die Maus entkommt endgültig.

Während dieser elfminütigen Sequenz drohte die Maus mehrmals, versuchte sich zu verstecken und zu fliehen und die direkte Attacke der Katze zu verhindern.

fliegt in die Freiheit. In dieser 14-minütigen Abfolge hat die Beute acht Fluchtversuche unternommen, bis sie schließlich entkommen konnte.

Katze und kleines Säugetier

Diesmal bringt die gleiche Katze eine Wühlmaus in ihren Garten und gibt sie in einer Ecke frei. Es ist eine strategisch günstige Stelle, an der die Maus leicht wieder eingefangen werden kann. Das Spiel verläuft ähnlich wie beim Vogel, nur dass sich die Katze mehrere Male vor ihrer Beute auf dem Boden wälzt, um sie, wie es scheint, zu einer Bewegung zu veranlassen. Als die Maus dies wirklich tut, wird ihr mit der Pfote der Fluchtweg abgeschnitten – jedoch sehr vorsichtig, um keinen Biss zu riskieren. Diese Furcht davor ist begründet, denn als die Katze mit ihrem Kopf in die Nähe der Beute kommt, versucht die Maus, sie ins Ohr zu beißen. Kurz danach nähert sich die Katze mit der Nase und wird erneut von dem Beutetier mit offenem Maul bedroht. Sofort zieht die Katze den Kopf zurück.

Die Wühlmaus flieht in eine Steinspalte, worauf die Katze zuerst ihre Pfote und danach den Kopf in die Spalte zwängt. Als die Maus quiekt, zieht sich die Katze zurück. Sie entdeckt einen zweiten Eingang zu der Spalte und bewegt sich nun mehrere Male zwischen den beiden hin und her. Schließlich gelingt es der Katze, die Maus aus ihrem Versteck herauszuziehen. Sie

23 Katzen auf der Jagd

Viele Katzenbesitzer sehen es nicht gern, wenn ihre Katze Vögel fängt, und auch viele andere Menschen glauben, Katzen würden unseren Vogelbestand dezimieren. Doch dies ist eine Vereinfachung. Wahrscheinlich haben weder Haus- noch Wildkatzen eine gravierende Auswirkung auf unsere einheimische Tierwelt. Beide können in unseren Gärten nebeneinander gedeihen.

Katzenleben

Die Wahrheit über Katzen

Hauskatzen müssen keine Beute fangen, um zu überleben. Ihr Aktionsraum (siehe S. 32) hängt auch nicht vom Nahrungsangebot ab. Dies könnte sie zu einer Gefahr für die Tierwelt machen, doch dem ist nicht so. Erstens sind nicht alle Hauskatzen erfahrene Jäger. Zweitens fangen Stadtkatzen, unabhängig davon, ob sie im Haus oder frei leben, weit weniger Tiere als Landkatzen. Katzen können in der Stadt frei lebend sehr gut mit Abfällen auskommen. Drittens erbeuten Katzen wesentlich mehr kleine Säugetiere als Vögel. Im Verhältnis fangen Stadtkatzen mehr Vögel als ihre Vettern auf dem Land, weil sowohl mehr Vögel als auch Katzen in den Städten leben.

Wir halten nicht nur Katzen, wir füttern auch die Vögel und stellen ihnen zum Beispiel künstliche Nistplätze zur Verfügung. Unsere Gärten bieten ihnen einen guten Lebensraum mit zahlreichen Insekten und genügend Regenwürmern. In Wirklichkeit werden in den Stadtgebieten also sowohl Katzen als auch Vögel mit einem Überangebot an Nahrung und Raum versorgt. Wenn Sie also lieber Vögel füttern und keine Katze haben oder umgekehrt, ändert das nichts an der Tatsache, dass in der Nachbarschaft beide in stabilen Populationen leben können.

Katzen und Futterhäuschen

Vielleicht sind Sie nach wie vor der Meinung, ein Futterhäuschen für Vögel und Katzen im gleichen Garten seien unvereinbar. Es gibt jedoch viele Menschen, mich eingeschlossen, die sowohl Katzen als auch Vögel gern um sich haben.

Man kann ein Futterhäuschen leicht katzenunfreundlich gestalten, indem man kein Modell auf Holzbeinen wählt, sondern eins mit einem glatten Metallständer, an dem Katzen nicht emporklettern können, oder das Häuschen an einer Kette aufhängen. Auch kann man an den Beinen des Häuschens einen nach unten offenen, lampenschirmartigen Katzenschutz anbringen. Manche Menschen wollen auch Eichhörnchen und streitlustige Stare von der Fütterung abhalten. Sie bevorzugen ein überdachtes Häuschen, dessen Seiten mit Draht oder ähnlichen Vorrichtungen geschützt sind.

Bei einer offenen Futterstation besteht das Problem, dass Katzen sie springend erreichen können, wenn sie in der Nähe einer Mauer oder eines Zaunes aufgestellt wurde. In der Mitte des Rasens macht das Häuschen für die Vögel aber auch keinen Sinn.

Vögel brauchen Artgenossen, die ihnen bestätigen, dass alles in Ordnung und der Futterplatz sicher ist. Eine isoliert stehende Futterstation wird viel weniger von Vögeln besucht werden als eine in der Nähe eines Gebüsches oder einer anderen Deckung. Ich habe daher eine japanische Zierquitte (*Chaenomeles japonica*) zwischen dem Futterhäuschen, dem in der Nähe befindlichen Zaun und einem Baum angepflanzt. Die Zierquitte blüht eine lange Zeit sehr hübsch und besitzt Dornen, die die Katzen gar nicht mögen. Den Vögeln bietet der Strauch Schutz und Sicherheit, wenn sie vor dem Futterplatz warten.

Weil Katzen keine Vögel im Futterhäuschen selbst fangen können, sind viele Befürchtungen unbegründet. Eine echte Gefahr besteht für die Vögel, die auf dem Boden fressen, wo sich jede Katze anschleichen kann. Versuchen Sie also möglichst zu verhindern, dass zu viel Futter auf den Boden fällt.

24 Schlafen wie eine Katze

Wie das Schlafbedürfnis eines Tieres auf den Tag verteilt und wie groß es ist, hängt von der Lebensweise einer Art ab. So schläft das Faultier über 80 % seiner Zeit, während die Spitzmaus kaum zum Schlafen kommt, weil sie alle zwei Stunden fressen muss. Obwohl die Katze auch eine Jägerin ist, leidet sie durch ihre Körpergröße nicht an Schlafmangel.

Schlafbedürfnis

Die großen Pflanzenfresser wie die Pferde oder Elefanten schlafen mit vier bis fünf Stunden pro Tag erstaunlich wenig. Sie brauchen viel Zeit, um die von ihnen benötigten großen Mengen an Gras und Blättern aufzunehmen. Dagegen ermöglicht es ihre eiweißreiche Nahrung einer Katze, erheblich mehr Zeit mit Schlafen zu verbringen. Wahrscheinlich ist das auch der Grund für die relativ lange Lebenserwartung der Katze im Verhältnis zu ihrer Körpergröße.

Die Katze mit ihrer höheren Proteinaufnahme schläft mehr als der Hund, doch fehlt ihr auch die Sicherheit eines Hunderudels. Folglich muss sie in der Lage sein, aus ihrem Nickerchen heraus sofort aufzuwachen. Die Katze besitzt mit der transparenten Nickhaut ein drittes Augenlid und sie wird sofort wach, sobald der kleinste Schatten vorüberzieht. Meist hält die Katze die äußeren Lider geschlossen. Ansonsten kann sich der Besitzer schon erschrecken, wenn er plötzlich in vollkommen weiße, pupillenlose Augen blickt.

Der Sicherheitsschlaf von Kätzchen

Da die Katzenmutter ihre Jungen zur Nahrungssuche verlassen muss, ist es in den ersten Tagen lebenswichtig, dass diese sich nicht von ihrem sicheren Platz wegbewegen. Die Kätzchen werden in einem früheren Entwicklungsstadium geboren als viele andere Säuger und schlafen daher mehr. Ihr tiefer Schlaf nimmt täglich zwölf Stunden in Anspruch. Nach dem ersten Lebensmonat übernehmen die Jungen die Schlafgewohnheiten einer erwachsenen Katze.

verwandte Themen...   4   25   26   76   41

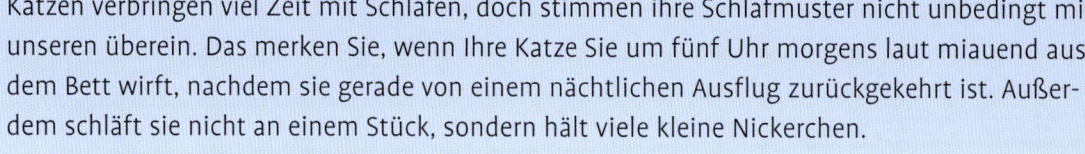

25 Schlafverhalten

Katzen verbringen viel Zeit mit Schlafen, doch stimmen ihre Schlafmuster nicht unbedingt mit unseren überein. Das merken Sie, wenn Ihre Katze Sie um fünf Uhr morgens laut miauend aus dem Bett wirft, nachdem sie gerade von einem nächtlichen Ausflug zurückgekehrt ist. Außerdem schläft sie nicht an einem Stück, sondern hält viele kleine Nickerchen.

Schlaftypen

Wenn Katzen schlafen, folgen verschiedene Phasen aufeinander. Auf eine halbe Stunde leichten Schlafes folgen etwa sieben Minuten Tiefschlaf. Während des leichten Schlafes kann die Katze schnell geweckt werden. In der Tiefschlafphase erinnert das Muster der Gehirnwellen stark an das im Wachzustand. Wenn sie nicht gestört wird, wechselt die Katze ständig zwischen leichtem und tiefem Schlaf ab. Insgesamt verbringt sie etwa ein Drittel ihrer Schlafenszeit im Tiefschlaf.

Während der Tiefschlafphasen treten schnelle Augenbewegungen (rapid eye movements) in der danach benannten REM-Phase auf. Menschen träumen in dieser Zeit und Katzen vermutlich auch. Und wie wir können Katzen dabei zucken. Pfoten, Ohren und Maul bewegen sich, während der restliche Körper völlig entspannt bleibt.

Schlafmuster

Bei den meisten Tieren folgen die Schlafmuster einer biologischen Uhr, die sich nach dem 24-Stunden-Rhythmus der Erddrehung richtet. Raubtiere beschränken ihre Aktivitäten meist auf die Zeiten, zu denen sie am wahrscheinlichsten auf Beutetiere treffen. Fast überall auf der Welt, besonders aber in den gemäßigten Klimazonen der Nordhalbkugel, verlegen Kleinsäuger wie Spitz- und Wühlmäuse ihre Futtersuche auf die Nacht, da sie tagsüber zahllosen Feinden ausgesetzt sind. Deshalb können Katzen auch nachts besonders gut sehen und sind bei ihrer Beutesuche ebenfalls um diese Zeit unterwegs. Folglich verbringen sie am Tag viele Stunden mit Dösen, um bei Nacht die nötige Wachsamkeit aufzubringen.

Es gibt jedoch Umstände, die diese Zeiteinteilung umdrehen. Australien ist der einzige Kontinent, wo Reptilien auf dem Speiseplan der Katzen stehen. Da Reptilien aber Sonne und Wärme brauchen und die meisten von ihnen hauptsächlich am Tag aktiv sind, haben die Katzen ihren Zeitplan fürs Jagen und Schlafen entsprechend umgestellt.

wach leichter Tiefschlaf
Schlaf

typisches Schlafmuster

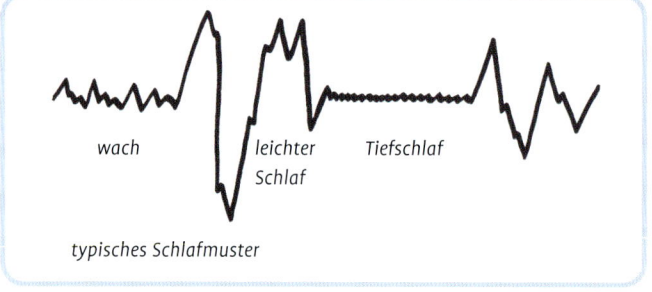

Orte zum Dösen

Das Bild einer schlafenden Katze, wie sie zusammengeringelt vor dem offenen Kamin liegt, ist für uns der Inbegriff eines gemütlichen Heims. Ist es der Katze jedoch angenehm warm, wird sie sich eher lang ausstrecken, damit ihr Körper etwas Wärme abgeben kann. Rollt sie sich ein, ist ihr vermutlich eher kalt.

Katzenleben

Haltung

Bei Tieren hängt die Schlafhaltung von ihrer Größe und Körperform, aber auch von der Umgebungstemperatur ab. Katzen zeigen die gleiche Haltung wie andere Fleischfresser: Sie legen entweder ihre Beine unter dem Körper und berühren mit dem Kinn den Boden oder sie liegen auf der Seite und rollen den Körper unterschiedlich stark ein – je nachdem, wie warm oder kalt es ist.

Katzen wollen sich beim Schlafen sicher fühlen. Unsichere Katzen laufen oft ihrem Besitzer hinterher und schlafen in seiner Nähe. Manche Katzen brauchen lange, bis sie einen Ort ausfindig gemacht haben, an dem sie ruhig dösen können. Im Haus kann ein hoher Schrank als warmer Lieblingsschlafplatz dienen, während die Katze sich draußen sowohl warme als auch schattige Plätze aussucht. Eine Katze kann sehr ärgerlich werden, wenn ihr Schlafplatz von einer fremden Katze besetzt wird.

verwandte Themen ...   17   24   25   75

27 Aufwachen

So wie wir auch, gähnen Katzen beim Aufwachen. Doch zwischen Katzen und Menschen hat das Gähnen auch die Bedeutung, sich gegenseitig des anderen zu versichern, und wird auch zur Begrüßung eingesetzt. Wenn Sie einen Raum betreten und sich Ihrer dösenden Katze nähern, kann Ihr plötzliches Auftauchen sie zu einem anerkennenden Gähnen veranlassen.

Katzenleben

Streck- und Dehnübungen

Beim Aufwachen gähnt die Katze erst einmal herzhaft mit weit geöffnetem Maul und einer schöpfkellenförmig eingerollten Zunge. Oft werden auch die Pfoten gestreckt. Wenn sie sich danach nicht wieder zu einem weiteren Nickerchen zusammenrollt, sondern aus wichtigem Grund wach bleibt, steht sie auf langen Beinen und mit hochgewölbtem Rücken da, während sie ihre Muskeln deutlich spielen lässt. Dann bewegt sie sich nach vorne, um das nächste Aufwachritual durchzuführen: die lange Vorwärtsstreckung. Dabei hebt sie das Hin-

terteil und drückt es nach hinten, während sie die Wirbelsäule nach unten durchbiegt und die Vorderbeine nach vorn ausstreckt. Die Katze lehnt sich daraufhin nach vorn, wobei sich die Brustwirbelsäule in entgegengesetzter Richtung zu den nun weit ausgestreckten Hinterbeinen bewegt.

Durch diese Sequenz von isometrischen Warmup-Übungen bleibt die Katze immer in Top-Kondition. Die Kombination aus Stehen, Biegen und Strecken verleiht der Wirbelsäule ihre Elastizität. Diese ist von grundlegender Bedeutung, weil sie der Katze nicht nur beim Laufen zu einer größeren Schrittlänge verhilft, sondern auch so biegsam bleibt, dass sie sich am ganzen Körper putzen kann.

28 Katzenwäsche

Das Putzen spielt eine wichtige Rolle im Leben einer Katze. Obwohl wir von Katzen oft sagen, sie würden nur essen und schlafen, so verbringen sie doch ein Drittel bis die Hälfte ihrer Wachzeiten mit Fell- und Pfotenpflege. Kein Wunder, wenn sie danach so erschöpft sind, dass sie gleich wieder ein Nickerchen einlegen müssen!

Wie putzen sich Katzen?

Der Körper einer Katze ist so unglaublich elastisch, dass sie beim Putzen nahezu jede Stelle erreicht. Mit ein wenig Anstrengung kann sie sich sogar auf der Rückenmitte putzen. Die raue Oberfläche der Katzenzunge (siehe S. 16) dient als Kamm. Beim Kämmen lösen sich unweigerlich Haare, die die Katze schluckt und später in Form von Haarballen wieder erbricht. Bei langhaarigen Katzen wie Persern kann die Fellpflege problematisch werden, da sie ihre Zunge durch jedes Haarbüschel ziehen müssen und dazu viel länger als kurzhaarige brauchen. Sie haben häufiger Probleme mit Haarballen, deshalb ist tägliches Kämmen durch den Besitzer unerlässlich.

Temperaturkontrolle

Die Katzenzunge ist wie ein Schwamm. Die Hornzähnchen auf ihrer Oberfläche können viel Speichel für die Fellpflege aufnehmen. Dies spielt auch bei der Temperaturkontrolle eine Rolle. Um zu vermeiden, dass das Fell beim Schwitzen durchnässt wird, besitzt die Katze nur an bestimmten Stellen, etwa den Pfotenballen, Schweißdrüsen.

Wenn es heiß ist, macht die Katze die fehlenden Schweißdrüsen dadurch wett, dass sie über die Zunge Speichel im Fell verteilt, der dann verdunstet und den Körper bis zu einem Drittel abkühlt. Ist es draußen kalt, kann der Bürsteneffekt der Zunge dazu dienen, die Körperwärme aufrechtzuerhalten. Die Luftschicht in einem aufgebauschten Fell wirkt isolierend.

Sauberkeit

Die Fellpflege dient auch dazu, den Flohbefall zu kontrollieren oder zu reduzieren. Außerdem kann die Katze ihren Eigengeruch auf dem Fell verteilen, während sie gleichzeitig anhaftende Duftinformationen aufnimmt. Wenn wir eine Katze gestreichelt haben, bringt sie oft hinterher ihr Fell und ihren Eigengeruch peinlichst wieder in Ordnung. Auch das der Paarung folgende heftige Putzen geschieht zum Teil aus demselben Grund.

verwandte Themen ...   31   33   66   81   85   45

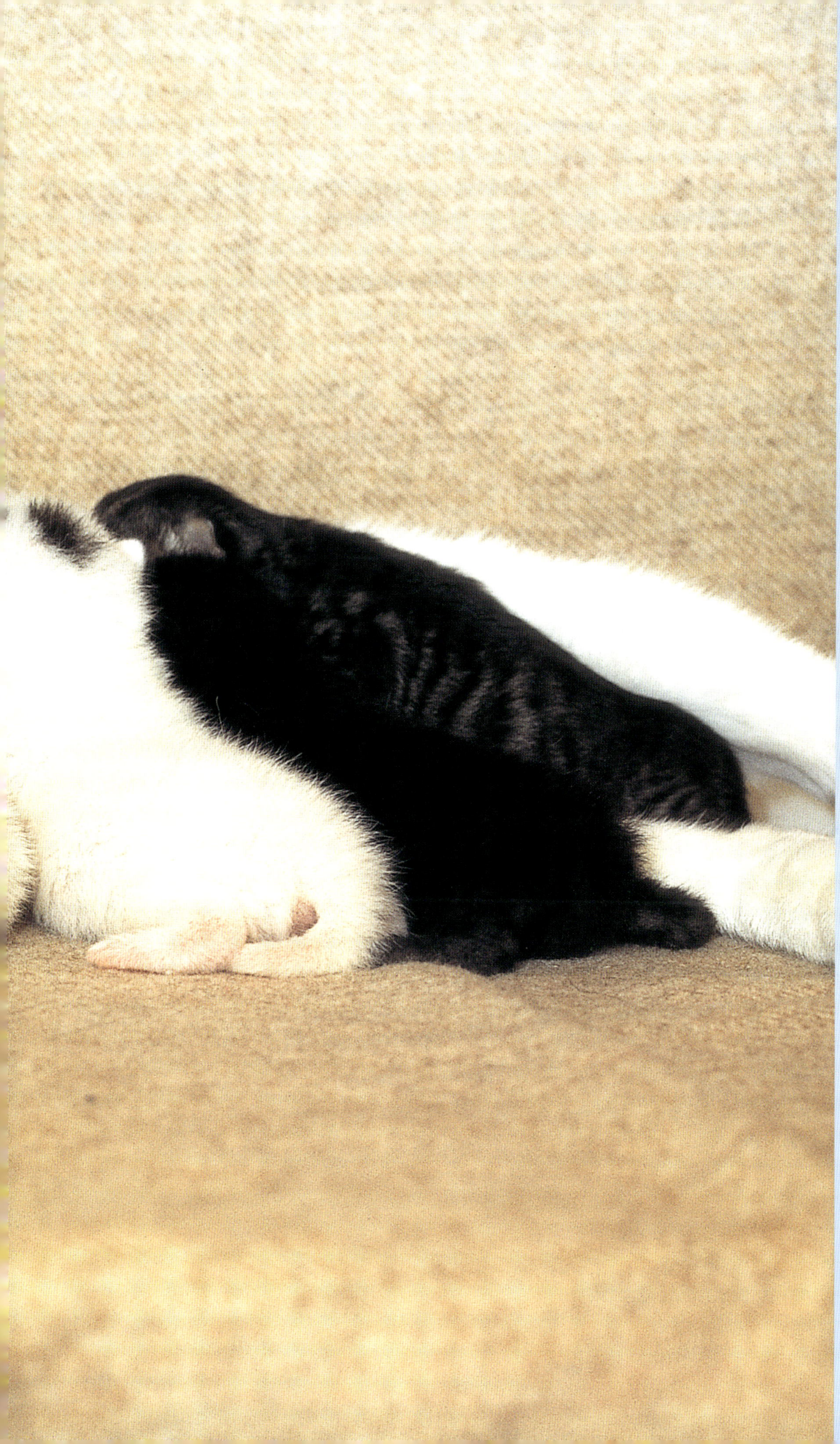

Katzenfamilien

Katzen als Fruchtbarkeitssymbol

Seit altersher gibt es die Assoziation Mann-Hund oder Frau-Katze. Es mag die klassische Rollenverteilung widerspiegeln: Männer gingen auf die Jagd, Frauen waren zu Hause, die Katze schlummerte am Feuer oder fing Mäuse. Doch auch die Begriffe „felin" (katzenartig) und „feminin" sind so ähnlich, dass in der Werbung oft eine Katze neben einer eleganten Frau zu sehen ist, wenn ein Produkt sexy wirken soll.

Katzengöttinnen

Vor der Entstehung des Christentums wurde in allen Religionen Europas eine ewig jungfräuliche Mutter Erde als Symbol der Fruchtbarkeit verehrt. Bei den Griechen war es Artemis, bei den Römern Diana und bei den Skandinaviern Freya. Die ägyptische Göttin Bastet wurde mit weiblicher Fruchtbarkeit, Wärme, Liebe, Tanz und dem Mond in Verbindung gebracht.

Als der Grieche Ptolemäus Pharao wurde, ließ er den Katzen-Felsentempel bei Beni Hasan mit Inschriften versehen und nannte ihn „Speos Artemidos" – „Tempel der Artemis". Diana war eine Mondgöttin, die im Zölibat lebte und über die Frauen herrschte. Als Typhon gegen die Götter Krieg führte, entkam Diana in Gestalt einer Katze! Die St. Paul's Cathedral in London wurde an der Stelle erbaut, an der früher ein Schrein für Diana stand. Ein in London ausgegrabenes Sistrum (eine Rassel) wurde bei der Vereh-

rung der ägyptischen Fruchtbarkeitsgöttinnen – einschließlich Bastet – verwendet.

Die Vorstellung, dass die Katzengöttin Bastet vielleicht an derselben Stelle wie Diana im römischen Londinium – nämlich bei der heutigen St. Paul's Cathedral – verehrt wurde, ist faszinierend.

Bastets Bedeutung

In Ägypten war Bastet die höchste Katzengottheit. Der Mittelpunkt ihrer Verehrung lag in der Stadt Bubastis. An der jährlichen Pilgerfahrt dorthin nahmen Tausende ihrer Anhänger – meist Frauen – teil, die sangen, tanzten, tranken und das Sistrum schüttelten. Die Ägypter stellten fest, dass sich bei Katzen die Pupillengröße je nach Mondphase veränderte. Diese von der Lichtmenge abhängige Veränderung galt als magisch. Wegen der Regelmäßigkeit des weiblichen Zyklus nahm man einen Zusammenhang zwischen Frau, Katze und Mond an. Die Rolle der Katzengöttin bei der Fruchtbarkeit zeigt sich auch in Form von Wandmalereien in Gräbern bei Luxor. In häuslichen Szenen waren Mann und Frau so dargestellt, wie sie sich ihr Leben nach dem Tod erhofften. Katzen saßen immer unter dem Sitz von Frauen. Als Inkarnation der Göttin wurden sie dort platziert, um die Fruchtbarkeit der Frau nach dem Tod zu verstärken.

Obwohl die Ägypter dies verhindern wollten, drang der Ruf der Katze nach draußen und es gelangten einige Tiere in andere Länder. In Italien fand man Abbildungen von Hauskatzen, die aus dem 4. und 5. Jahrhundert v. Chr. stammten. Als das Christentum im 4. Jahrhundert n. Chr. zur römischen Staatsreligion wurde, verbot man andere Religionen wie auch den Bastet-Kult. Obwohl in Ägypten die Bedeutung der Katze nachließ, besteht in Europa der historische Zusammenhang zwischen Frau und Katze bis zum heutigen Tag.

49

29 Paarungsverhalten

Kätzinnen besitzen einen deutlich erkennbaren Verhaltenszyklus, der hormonell bedingt ist. Wenn im Herbst und Winter die Tage kürzer werden, sind die meisten Katzen sexuell inaktiv. Auch das restliche Jahr über hat die Kätzin immer wieder sexuelle Ruhephasen. Diese kürzeren, sexuell inaktiven Abschnitte nennt man Diöstrus (Zwischenbrunst).

Katzenfamilien

fängt sie an zu rufen. Auf dem Höhepunkt der Rolligkeit verstärkt sich das Rufen und Rollen und die Kätzin drückt ihren Hinterkopf fest auf den Boden, um Talgabsonderungen zu hinterlassen.

Am empfänglichsten für das Werben der Kater ist die Kätzin am dritten bis vierten Tag der Rolligkeit. Nach der Paarung ist die Brunst meist innerhalb von 24 Stunden vorbei. Dies wird durch die Ausschüttung von Progesteron durch den Gelbkörper in den Eierstöcken verursacht. Kommt es nicht zur Paarung oder war die Paarung nicht erfolgreich, dann kann die Brunst jedoch zwei Wochen lang dauern, obwohl die auffälligste Zeit nur etwa eine Woche lang anhält.

Ohne Paarung dauert der gesamte Zyklus durchschnittlich drei Wochen. Vor allem bei den Rassekatzen kann die Dauer jedoch sehr unterschiedlich sein. Bei Siamkatzen ist die Zwischenbrunst (Diöstrus) sehr kurz, während Perser nicht so oft in die Brunst kommen. Siamkatzen in der Brunst haben allerdings lange Phasen, in denen sie fast ununterbrochen nach dem Kater rufen!

Wann ist eine Kätzin paarungswillig?

Während der Vorbrunst (Proöstrus) verhält sich die Kätzin auffällig und reibt immer häufiger ihren Kopf an Gegenständen. Diese ein bis drei Tage andauernde Phase äußerst sich durch zunehmende Freundlichkeit dem Menschen gegenüber. In dieser Zeit kann die Kätzin eine Vorliebe für einen bestimmten Kater entwickeln, der sie umwirbt und begleitet. Gleichzeitig kann es sein, dass sie andere paarungswillige Kater zurückweist. Sie wird ihren Schwanz senken und vielleicht sogar nach ihnen schlagen.

In der Brunst oder Rolligkeit (Östrus), also um die Zeit des Eisprungs, bewegt sie sich immer auffälliger. Sie öffnet und schließt die Pfoten und rollt sich auf dem Rücken hin und her. Außerdem

30 Partnersuche

Im Mittelalter galten Katzen als zügellos und böse, weil sie sich über längere Zeit hinweg wiederholt paaren. Die Kätzin paart sich außerdem mit mehreren Katern und sie schreit vor und während des Geschlechtsakts. Aktuelle Studien haben gezeigt, dass das Überleben der Katzen als Art von diesen Verhaltensmustern abhängt.

Vermeidung von Inzucht

Katzen bilden Reviere. Kater aus derselben Gruppe werden bei der Paarung bevorzugt, was soziale Stabilität garantiert, aber auch die Gefahr der Inzucht in sich birgt. Katzen besitzen daher einen Mechanismus, dies zu verhindern. Bei den meisten Säugern wird die Eizelle spontan freigesetzt, sobald sie im Eierstock herangereift ist. Bei Katzen und einigen anderen Säugern ist jedoch ein Auslöser nötig, die Eizelle zu entlassen. Dieser Auslöser ist der Penis. Der Eisprung ist also an den Paarungsakt gebunden. Beim Herausziehen des mit Häkchen besetzten Penis wird die Freisetzung der Eizelle angeregt, die 24 Stunden später stattfindet. Die Eizelle wandert durch den Eileiter bis zur Stelle, an der sie befruchtet werden kann. Dazu ist ein weiterer Paarungsakt nötig, die Kätzin muss sich mehrmals paaren.

Die Eizelle braucht 24 Stunden, um an die Stelle zu gelangen, an der sie befruchtet werden kann. Dies gibt auch anderen Katern Zeit, sich mit der Kätzin zu paaren. Da unsere heutigen wild lebenden Stadtkatzen und Hauskatzen sehr eng zusammenleben, gibt es auch mehr Kater, so dass die genetische Vielfalt erhöht wird.

In diesem System scheint es jedoch einen Schwachpunkt zu geben. Wenn die ortsansässigen Kater durch „Eindringlinge" verdrängt werden, warum sollten sie dann die Nachkommen eines fremden Katers unterstützen oder ihr Revier weiterhin verteidigen? Die Antwort lautet: Ohne genetischen Austausch stünde das Überleben der Gruppe auf dem Spiel und damit auch der Fortbestand der männlichen Linie. Die mehrfache Paarung sorgt dafür, dass die Kätzchen eines Wurfes unterschiedliche Väter haben können, obwohl die meisten Nachkommen wohl von den Katern der eigenen Gruppe gezeugt werden. Für den Züchter ist die wiederholte Paarung von Nachteil, weil der einzelne Kater durch die starke Beanspruchung ermüdet.

verwandte Themen ... 29 31 73

31 Katzenhochzeit

Katzen paaren sich bis zu 40-mal innerhalb von 24 Stunden. In einer Katzenzucht, wo nur ein einziger Kater zur Kätzin gelassen wird, legen die beiden nach jeder Paarung eine 5- bis 15-minütige Ruhepause ein. Wenn Katzen es sich aussuchen können, verpaaren sich mehrere Kater mit einer Kätzin.

Der Ablauf der Paarung

Meistens vermeiden es Katzen, sich gegenseitig anzusehen. Während der Paarung jedoch schauen sich beide Tiere längere Zeit direkt an. Wenn der Kater sich erneut paaren will, setzt er sich auf und zwitschert leise. Ist die Kätzin bereit, kriecht sie mit einem Hohlkreuz und gesenkten Vorderpfoten auf den Kater zu. Bei ihrer Bewegung werden Sexualduftstoffe freigesetzt und die paarungsbereite Haltung weckt das Interesse des Katers.

Als Aufforderung blinzelt die Kätzin den Kater mehrere Male an und er antwortet mit einem leisen Gurren. Denselben Laut gibt der Kater eventuell noch einmal von sich, wenn er hinter sie tritt, sie mit dem Maul am Nacken festhält und sich über ihren Rücken stellt. Dabei dringen die Zähne des Katers normalerweise nicht durch die Haut, es ist eher ein Festhalten als ein Biss. Kater verhalten sich keinesfalls aggressiv, sondern im Gegenteil sehr rücksichtsvoll gegenüber der Kätzin.

Sobald der Kater die Kätzin bestiegen hat, beginnt er mit den Hinterbeinen auf der Stelle zu treten. Er wölbt den Rücken, bewegt sich auf ihre Vulva zu und führt gleichzeitig kräftige Beckenstöße durch. Die Reaktion der Kätzin zeigt an, ob eine Begattung stattgefunden hat. Sie grollt immer lauter und dreht ihren Kopf von einer Seite zur anderen. In Katzenzuchten dauert der gesamte Vorgang meist nicht einmal zehn Sekunden. Der Kater hält die Kätzin fast bis zuletzt im Nacken fest. Wenn alles vorbei ist, befreit sich die Kätzin aus seinem Griff, bedroht den Kater oder schlägt mit der Pfote nach ihm. Nach der Reinigung des Genitalbereichs, wobei sich die Kätzin noch mehrmals auf den Rücken drehen kann, ruhen sich beide Tiere mit untergeschlagenen Pfoten aus.

verwandte Themen ... 29   30   32

32 Trächtigkeit

Wenn eine Kätzin trächtig ist, fordert sie von ihrem Menschen mehr Zuwendung als sonst. Streunende – im Gegensatz zu vollkommen frei lebenden – Katzen fühlen sich wieder zu Menschen hingezogen, wenn die Trächtigkeit weit fortgeschritten ist und der Progesteronspiegel sie entspannter macht.

Katzenfamilien

Geburtsvorbereitung

In den letzten drei Wochen ihrer neunwöchigen Trächtigkeit liegt die Kätzin immer häufiger auf der Seite, um sich vom Gewicht der Föten zu entlasten. Gegen Ende der neun Wochen sucht sie sich einen geeigneten Platz für ihr Nest. Einer Hauskatze kann man zum Beispiel einen gemütlich gepolsterten Karton bereitstellen.

Es kann aber auch sein, dass sie das Angebot zurückweist, um sich einen besser versteckten Ort zu suchen. Wir sollten ihr dies nicht übelnehmen, sondern bedenken, dass fremde, nicht zur Gruppe gehörende Kater oft die Jungen töten. Damit ihre hilflosen Jungen vor ihnen und auch vor anderen Raubtieren geschützt sind, sobald sie das Nest verlassen hat, sucht sich die Kätzin instinktiv einen sicheren Platz. Frei lebende Katzen benutzen gern Schuppen, Rohbauten, Holzstöße, alte Tonnen und selbst Radkästen an Autos, um ihre Jungen aufzuziehen.

Die Aufzucht der Jungen liegt allein auf den Schultern der Katzenmutter. Doch auch der Kater ist nicht überflüssig. Zusätzlich zum Revier der Mutter steht auch sein großes eigenes zur Verfügung und so ist gewährleistet, dass die Kätzin nicht nur einen Platz zum Jagen hat, sondern auch vor fremden Katern geschützt ist. In einer frei lebenden Gruppe beschaffen die Kater nicht direkt die Nahrung für die Jungen, doch sie ermöglichen ihre Erbeutung.

Nachkommen aus dem vorigen Wurf

Sollte es noch halbwüchsige Nachkommen aus dem letzten Wurf geben, dann wird sich die trächtige Kätzin wahrscheinlich gegen sie wenden. Dies tritt vor allem bei Hauskatzen auf, die in beheizten und beleuchteten Räumen leben und daher zwei Würfe pro Jahr haben können.

Bei frei lebenden Katzen kommen derartige Konflikte seltener vor. Wie ihre wilden Vorfahren bekommen sie meist nur einen Wurf pro Jahr. Die Jungen aus dem vorhergehenden Wurf sind dann schon erwachsen und haben sich ein eigenes Revier gesucht.

verwandte Themen … 29 30 31 33

33 Geburt

Es gibt Kätzinnen, die bei der Geburt ihrer Jungen allein sein wollen, während andere Zuschauer dulden. Der Geburtsvorgang des einzelnen Jungtiers kann jeweils nur 15 Minuten dauern, doch dazwischen können auch mehrere Stunden liegen. Unabhängig vom Alter bringen erstgebärende Kätzinnen kleinere Würfe zur Welt als erfahrene Katzenmütter.

Katzenfamilien

Vorbereitung und Geburt

Kurz vor der Geburt säubert die werdende Katzenmutter ihre Zitzen und den Genitalbereich gründlich. Sie verbringt viel Zeit im Nest, damit die Jungen gleich ihren Geruch wahrnehmen können. Die Kätzin kann durchaus auch noch während der Wehen schnurren. Um die Geburt zu erleichtern, hebt sie im Sitzen ein Hinterbein an. So kann sie auch bei jedem geborenen Kätzchen die Fruchthülle entfernen und zwischen den einzelnen Geburten ihren Genitalbereich säubern.

Nach der Geburt

Bei der Geburt sind die Jungen nass. Sie werden von ihrer Mutter gesäubert. Dabei trocknet die Kätzin gleichzeitig ihr Fell und ordnet es. So wird die isolierende Wirkung des Fells verbessert, was für die kleinen Körper lebensnotwendig ist. Während dieses Pflegevorgangs macht sich die Mutter mit ihren Jungen vertraut. In dieser ersten Zeit kann man die Kätzin noch täuschen, indem man ihr ein Junges aus einem anderen Wurf oder sogar von einer anderen

Tierart unterschiebt. Durch das Lecken werden die Jungen zu ihrem ersten Atemzug angeregt. Die Kätzin trennt mit ihren Zähnen die Nabelschnur durch und frisst die Nachgeburt, die ihr unter anderem Nährstoffe liefert, so dass sie ihre Jungen in den ersten Tagen nicht verlassen muss.

Wenn die Katzenmutter ihr Nest für nicht mehr sicher hält, dann packt sie jedes einzelne Junge am Genick und trägt es an einen anderen Ort. Die Jungen verhalten sich dabei ganz still. In der Wildnis kann solch ein Umzug gefährlich sein, weil die Jungen sowohl am Ausgangs- als auch am Zielort eine Weile allein gelassen werden.

34 Ernährung der Kätzchen

Katzen sind sehr fürsorgliche Mütter. In den ersten vier Wochen verbringt die Kätzin über 90 Prozent ihrer Zeit mit mindestens einem ihrer Jungen und davon bis zu drei Viertel im Nest. Bis zur Entwöhnung etwa in der achten Woche hat sich dann der unmittelbare Kontakt auf die Hälfte der Zeit reduziert.

Säugen

Die Mutter liegt beim Säugen auf der Seite, um den Jungen ihre vier Paar Zitzen zugänglich zu machen. Anfangs liegen die Kätzchen einfach da und trinken, doch ab der dritten Woche treteln sie gegen den Körper der Mutter, um den Milchfluss anzuregen.

Besteht der Wurf aus nicht mehr als vier Jungen (zwei Zitzen pro Kätzchen), dann sind fast alle gleich schwer. Bei größeren Würfen liegt das durchschnittliche Geburtsgewicht etwas niedriger. Die Mutter produziert zwar mehr Milch, doch das Angebot ist nicht unbegrenzt, so dass die Jungen etwas leichter sind als in einem kleinen Wurf.

Wenige Tage nach der Geburt haben die Jungen bereits ihre „Lieblingszitzen". Bei einem Wurf entwickelt sich innerhalb weniger Stunden nach der Geburt eine bemerkenswerte Konstanz, was die Saugposition betrifft. Das ändert sich auch nicht im Lauf der nächsten Wochen. Ein Vorteil dieses Festhaltens an einer bestimmten Saugposition ist, dass die Zitzen nicht durch die scharfen Krallen verletzt werden.

Außerdem zeigen die Jungen oft schon früh territoriales Verhalten. Sie bevorzugen das Zitzenpaar in des Nähe des Kopfs der Kätzin, wo sie zusätzlich noch liebevoll abgeleckt werden und ein Blickkontakt mit der Mutter besteht. Das vom Kopf der Mutter am weitesten entfernte Zitzenpaar ist meist am wenigsten beliebt.

Feste Nahrung

Während der Umstellung auf feste Nahrung muss eine frei lebende Katzenmutter viel Zeit mit der Jagd verbringen, um die Jungen zu versorgen. Sie erhält keine Unterstützung durch den Katzenvater und muss daher die Jungen in einem sicheren Versteck zurücklassen. Da sie die Kätzchen allein aufzieht, sind diese auf sie angewiesen. Wenn die Kätzin ein warnendes Grollen von sich gibt, unterbrechen die Kätzchen sofort ihr Spiel und suchen Deckung.

verwandte Themen ...   17   20   22   38   40

Rasantes Wachstum!

Es ist unmöglich, sich nicht in junge Katzen zu verlieben. Der Grund dafür, außer dass sie klein, flauschig und süß sind, ist ihr flaches Gesicht mit den großen Augen. Das spricht uns an, weil unsere Babys ähnliche Merkmale zeigen. Die Empfindlichkeit der Kätzchen kurz nach der Geburt ist bald vergessen. Nach sieben Wochen werden sie entwöhnt und haben alle Sinne entwickelt, die sie zu ihrem Schutz und zur Jagd brauchen.

Von der Geburt bis zur 3. Woche

neu geborene Kätzchen

Nach der Geburt sind die Augen der Jungen geschlossen und bleiben es noch für die nächsten zehn Tage. In den ersten Tagen ist ihr Gehör kaum ausgebildet. Riechen können sie dagegen schon recht gut. Ihren Tastsinn haben sie bereits im Mutterleib entwickelt, so dass sie nun die Zitzen ihrer Mutter mit Hilfe ihres Geruchssinns und des Wärmeempfindens finden können.

Neu geborene Kätzchen können ihren Körper nicht aufrichten: Ihr kleiner, runder Kopf liegt mit dem Kinn flach auf dem Boden, und dies außer beim Säugen praktisch die ganze Zeit. Sie sind schnell erschöpft und es bereitet ihnen große Mühe, sich zu einer Zitze zu ziehen. Durch einen Suchreflex wenden sie ihren Kopf automatisch in Richtung Wärmequelle.

Nach einer Woche zeigen die bis zu acht Stunden langen Säugezeiten eine deutliche Wirkung. Der Körper ist nun voller und runder, weil die Kätzchen schnell an Gewicht zugelegt haben. Ihr Bauch liegt zwar immer noch auf dem Boden auf, doch die Gliedmaßen sind nun kräftiger und sie können den Kopf heben. Sie verbringen immer noch viel Zeit mit Schlafen. Die Ohren der Kätzchen sind winzig, die Augen aber nicht mehr so dicht verschlossen. Ihre Hell-Dunkel-Wahrnehmung wird immer besser.

Sobald die Mutter die Jungen verlässt, kuscheln sie sich eng auf einem Häufchen zusammen. Wenn doch mal ein Junges die Gruppe verlassen sollte, dann kehrt es sehr bald auf wackligen Beinen und mit schwankendem Körper zu seinen Geschwistern zurück.

Im Alter von zwei Wochen sind die Augen der Kätzchen zwar offen, doch sie nehmen die Umgebung noch sehr verschwommen wahr. Wenn die Mutter nicht da ist, kuscheln sich die Kleinen immer noch eng aneinander. Die Mutter verwendet viel Zeit auf die Pflege ihrer Jungen. Dazu gehört auch, dass sich die Kätzchen auf die Seite drehen oder aufstehen, damit die Mutter sie dazu stimulieren kann, sich zu lösen. Ihre Ausscheidungen, die sonst das Nest verschmutzen könnten, werden von der Mutter abgeleckt.

Die Jungen bewegen sich immer noch auf dem Bauch vorwärts, wobei sie sich auf ihren wackligen Beinchen abstützen. Welch einen Unterschied macht schon eine Woche! Sie sind unternehmungslustiger und bewegen sich mit schwankendem, aber immer noch sehr tief gehaltenem Kopf vorwärts. Sie legen schnell an Gewicht zu, die Ohren sind jedoch immer noch nach vorn geknickt. In diesem Stadium beginnen einige Kätzchen damit, ihre Pfötchen neben

eine Woche   *zwei Wochen*   *drei Wochen*   *vier Wochen*

die Zitzen der Mutter zu legen, haben aber noch nicht genug Kraft, um zu treteln. Im Alter von drei Wochen sehen die Kätzchen nicht mehr formlos, sondern bereits sehr süß aus. Ihre Ohren sind bereits weiter aufgerichtet, zeigen aber immer noch einen leichten Knick.

Die Jungen haben nun das Laufen entdeckt, obwohl der Bauch dabei dicht über dem Boden bleibt. Es ist eine neue Erfahrung und die Pfötchen fühlen sich noch sehr wacklig an. Doch sie schauen den Menschen nun direkt an, bleiben aber dennoch stets in der Nähe ihrer Mutter. Da die Kätzchen immer größer werden, wird es allmählich beim Säugen eng! Sie sind nun kräftig genug, um den Milchfluss mit ihren Pfötchen zu stimulieren.

4. bis 5. Woche

Ab der vierten Woche stehen die Ohren der Jungen aufrecht. Beim Gehen berührt der Bauch nicht mehr den Boden und ab und zu stehen sie aufrecht auf allen vier Pfoten. Jetzt strecken sie auch mal den Schwanz in die Höhe, was zuvor nicht möglich war. Je mobiler die Kätzchen sind, desto abenteuerlustiger werden sie. Ihre Sehkraft verbessert sich, was beim Spielen mit ihren Geschwistern von Vorteil ist.

Ab der fünften Woche werden die Jungen plötzlich viel lebhafter. Sie fokussieren und verfolgen Spielsachen und klettern an Gegenständen und sitzenden Menschen empor. Ihre Augen sind ganz klar und das Gehör voll ausgebildet. Die Verbesse-

rung der Sinne sowie die gesteigerte Beweglichkeit erfolgen zeitgleich. Die Kätzchen sind immer in Bewegung, doch dann halten sie plötzlich inne und schlafen auf der Stelle ein. Sie probieren ihre Zähne aus, indem sie an Körben und anderen Dingen nagen, und haben die katzeneigene Neugier entwickelt. Das Spiel mit den Geschwistern wird zusehends heftiger. Die Mutter schränkt nun das Säubern der Kleinen von ihren Exkrementen ein, weil sie selbst in der Lage sind, sich zu lösen.

6. Woche

Im Alter von sechs Wochen sind die Kätzchen am niedlichsten, mit zauberhaften Gesichtern. Ihre Sinne sind jetzt voll entwickelt und sie gehen aufrecht auf ihren vier Beinen. Sie spielen immer länger mit Gegenständen wie einem Tischtennisball, die sie erkunden und mit der Pfote antippen.

Wenn ihre Mutter Beute mitbringt, stürzen sie sich darauf und knurren besitzergreifend. Bietet man ihnen eine Schnur zum Spielen an, dann nehmen sie diese ins Maul und versuchen daran zu ziehen! Man kann sie nun oft dabei beobachten, wie sie mit dem Schwanz der Mutter, ihrem eigenen oder den Schwänzen ihrer Geschwister spielen.

Die Jungen werden nun immer selbstständiger. So beginnen sie beispielsweise mit einer herabhängenden Schnur zu spielen, setzen sich aber zwischen zwei Aktivitäten auch ruhig hin. Eine ihrer Hauptbeschäftigungen ist das Klettern. Die Katzen-

mutter versucht, das Säugen einzuschränken und setzt sich oft aufrecht, wenn die Kleinen bei ihr trinken wollen.

Entwöhnung und Halbwüchsigkeit

Die Entwöhnung ist meist bis zur siebten Woche abgeschlossen. Je größer die Jungen geworden sind, umso größer ist auch ihr Nahrungsbedarf, was teilweise zu Lasten der Mutter geht, die während des Säugens fast 6 g an Gewicht pro Tag verliert. Im Alter von acht Wochen wirken die Reaktionen der

acht Wochen

Kätzchen erwachsener. Mit zehn Wochen sind die Jungen zwar immer noch kleiner und schlanker, doch ihre Proportionen sind bereits die einer erwachsenen Katze. Ab der 9. Woche wird das Spiel ernster, bis es mit 14 Wochen so aggressiv wird, dass sich die Geschwisterbande allmählich auflösen. Jetzt sind die Kätzchen auf dem Weg, sich zu selbstständigen jungen Katzen zu entwickeln.

fünf Wochen   *sechs Wochen*   *sieben Wochen*

Wenn Sie sich ein Kätzchen nach Hause holen möchten, ist es wichtig, vorher das Geschlecht zu bestimmen. Wenn Sie Ihr Kätzchen nicht von einem erfahrenen Züchter bekommen, dann verlassen Sie sich nicht auf das vom Vorbesitzer genannte Geschlecht. Es kommt ziemlich oft vor, dass man einen „Felix" später in „Minka" umbenennen muss!

Katzenfamilien

Unterscheiden der Geschlechter

Bei einer erwachsenen Katze kann man das Geschlecht schnell an ihrem Verhalten erkennen. Bei Kätzchen ist das schwieriger, weil sie noch nicht voll entwickelt sind. Wenn man jedoch ein weibliches Kätzchen von hinten betrachtet, dann liegen die Öffnungen der Scheide und des Afters dicht beieinander. Bei den männlichen Tieren liegen Penis und After weiter auseinander, damit die Hoden Platz finden. Wenn Sie sich nicht sicher sind, was „dicht" und „weit" bedeuten soll, dann vergleichen Sie das männliche Abessinierkätzchen mit seiner Mutter (links) mit dem weiblichen in der Gruppe (unten Mitte).

36 Probleme innerhalb des Wurfs

Katzenmütter sind für die liebevolle Pflege ihrer Jungen bekannt. Streitereien unter den Wurfgeschwistern sind selten und von kurzer Dauer. Manchmal läuft zwar etwas schief, zum Glück jedoch nicht oft. Wenn Sie aber demnächst einen Wurf erwarten, sollten Sie über mögliche Probleme informiert sein.

Einschüchterung

In einem Wurf, den ich beobachtet habe, tauchte folgendes Problem auf. Die Katzenmutter war sehr aufmerksam gegenüber ihren Jungen, fütterte, säuberte und kümmerte sich um sie, wenn sie nach ihr riefen. Da es ein heißer Sommer war und die Kätzchen bald entwöhnt waren, legte sich die Mutter oft ein wenig von ihnen entfernt nieder, um sich abzukühlen.

Ihr Verhalten gegenüber ihrem kleinsten Jungen, einem schwarzen Kätzchen, wurde jedoch sehr heftig. Sie hielt es mit den Pfoten am Nacken fest, biss es und schlug nach ihm, so dass es schrie. Den anderen Jungen gegenüber verhielt sie sich vollkommen anders, wobei sie jedoch auch das schwarze weiterhin säuberte und

säugte. Zum Zeitpunkt der Entwöhnung war das schwarze Junge im Vergleich zu seinen Geschwistern auffallend ängstlich. Obwohl alle Jungen von Anfang an mit Menschen Kontakt hatten, konnte ein ausgestreckter Finger das schwarze Kätzchen bereits zu einem defensiven Fauchen veranlassen. Seine etwas größeren Geschwister gingen darauf zu, um den Finger zu erforschen.

An diesem Punkt änderte sich das Verhältnis zwischen dem schwarzen Jungen und seinen Wurfgeschwistern. Während die Spiele untereinander naturgemäß immer heftiger wurden, attackierten die übrigen Jungen ihr schwarzes Geschwisterchen immer stärker und länger. Das Verhalten seiner Mutter schien ihm so viel Angst eingejagt zu haben, dass es nun für seine Geschwister in die „Opferrolle" schlüpfte. Ein so früh angewöhntes Verhalten ist im späteren Leben meist schwer wieder abzulegen.

verwandte Themen ... 37 40 48 49 59

37 Prägung

Sobald die Jungen ihre Augen öffnen und unternehmungslustiger werden, beginnen sie andere Lebewesen zu erkunden, die sie in der Nähe des Nestes treffen und die von der Mutter toleriert werden. Sie werden von den Jungen bereitwillig als Wurfgeschwister akzeptiert, weil die Mutter keinen Fremden in die Nähe ließe.

Kontakt zu Menschen

Kätzchen akzeptieren jedes von der Mutter geduldete Lebewesen (einschließlich potenzieller Beute) und das bis ins Erwachsenenalter. Werden die Jungen etwa mit Hundewelpen aufgezogen, zeigen die Kätzchen bei einer Trennung ähnliche Stresssymptome wie wenn man ihnen die Wurfgeschwister wegnimmt.

Wenn unsere Katzen uns als Wurfgeschwister ansehen sollen, dann sollte man die Jungen während des Stadiums, in dem sie ihre Geschwister kennen lernen, an Menschen gewöhnen. Eileen Karsh fand heraus, dass die Zeit zwischen der zweiten und siebten Lebenswoche entscheidend für die Prägung ist. Beschäftigt man sich in dieser Phase regelmäßig mit den Jungen, dann gehen sie als erwachsene Katzen vertrauensvoll auf Menschen zu. Katzen, mit denen man sich erst ab der Entwöhnungsphase beschäftigte, verhielten sich nicht anders als Katzen, die überhaupt nicht an Menschen gewöhnt waren. Leider ist dies genau die Zeit, zu der die Kätzchen normalerweise von Zuchten oder Hilfsorganisationen an neue Besitzer abgegeben werden. Oft hatten sie als ganz junge Kätzchen keinen regelmäßigen Umgang mit Menschen. Wenn sie dann in ihr neues Heim kommen, erhalten sie zwar viel Zuwendung, doch werden sie dadurch nicht so gut an Menschen ge-

wöhnt, wie wenn man sich vor der Entwöhnung mit ihnen beschäftigt hätte. Die Folge ist, dass sie als erwachsene Katzen keine so enge Bindung an den Menschen entwickeln, wie es sonst der Fall wäre.

Bindung

Wenn die Kätzchen vor der Entwöhnung an ihre neuen Besitzer abgegeben werden, damit sie sich gut eingewöhnen, dann

beraubt man sie der mütterlichen Zuwendung. Karsh fand heraus, dass es nicht nötig ist, dass der Mensch, an den man die Kätzchen gewöhnt, der zukünftige Besitzer sein muss. Es muss sich nur um Menschen handeln. Jedoch entwickeln Kätzchen auch eine Bindung an einen bestimmten Menschen, so dass man sich schon vor der Entwöhnung regelmäßig mit dem gewählten Kätzchen beschäftigen sollte, am besten in der Umgebung des Nestes und in Anwesenheit der Katzenmutter.

Entwöhnung

Mit Entwöhnung bezeichnet man den Übergang von Muttermilch zu fester Nahrung, eine Phase, die bei Katzen meist bis zur siebten Lebenswoche abgeschlossen ist. Zum Teil beginnt die Mutter mit der Entwöhnung, weil sie selbst wieder zu Kräften kommen muss. Ab diesem Stadium sind die Kätzchen immer weniger in der Lage, Milchzucker (Laktose) zu verdauen.

Katzenfamilien

Das Säugen wird eingeschränkt

Über mehrere Tage hinweg wird die Mutter immer unwilliger, die Kätzchen mit Milch zu versorgen. Der gesteigerte Nahrungsbedarf der Jungen zwingt sie zu einer Änderung ihres Verhaltens. Je größer der Wurf, desto früher beginnt die Mutter, den Jungen den Zugang zu den Zitzen zu erschweren. Sie geht weg, setzt sich aufrecht hin oder legt sich auf den Bauch. Dies hat bei manchem unternehmungslustigen Kätzchen wenig Erfolg.

Nach der Entwöhnung

Im Alter von sieben bis acht Wochen sind die Kätzchen soweit, in ihr neues Heim umzuziehen. Sie nehmen nun feste Nahrung zu sich und sollten vollständig entwöhnt sein.

verwandte Themen ...   34   39   65

39 Jagen lernen

Wenn die Kätzchen vier bis fünf Wochen alt sind und die Kätzin nach draußen darf, wird sie ihren Jungen tote Beutetiere mitbringen. Bis zu dieser Zeit hatten die kleinen Kätzchen in der abgeschiedenen Sicherheit ihres Nestes keinen Kontakt mit Tieren, ob tot oder lebendig, oder anderer Nahrung als der Milch der Mutter.

Beute zum Üben

Anfangs wird die Katzenmutter, wenn sie Beute bringt, noch knurren und die Beute behalten. Sie tritt nicht als Lehrmeisterin, sondern als Konkurrentin auf, um das Interesse der Kätzchen zu wecken. Da sie ihre Jungen jedoch nicht einschüchtern will, mischt sie unter ihr Knurren auch freundliche Schnurrlaute. Die Jungen müssen lernen, dass die toten Beutetiere Nahrung bedeuten. Wird ihnen die Beute im Nest präsentiert, so werden sie dies wahrscheinlich schneller bemerken, denn die Jungen werden weiche Beute wie Mäuse beim Spielen und Fangen leicht mit den Zähnen durchbohren und so in Zusammenhang mit Nahrung bringen.

Schrittweise lernen

Wenn die Jungen neun Wochen alt, bringt die Mutter lebendige Beutetiere ans Nest (manchmal tötet sie sie, bevor ein Junges das Tier in Besitz nimmt). Diese schrittweise Unterweisung mit anfangs toten, dann lebendigen Beutetieren soll die Kätzchen im Umgang mit ihrer Beute schulen. Meist bringt die Mutter die Beute vorwiegend zum Verzehr ans Nest, manchmal demonstriert sie jedoch auch ihre Tötungstechnik. Junge Katzen erlernen das Jagen auch ohne diese Demonstrationen, haben jedoch mehr Erfolg, wenn sie ihre Mutter beobachten.

Verändertes Verhalten

Nach meinen Beobachtungen ändert sich das Verhalten eines Kätzchens, wenn es zum ersten Mal mit toter Beute in Berührung kommt. Das viereinhalb Wochen alte Junge zeigte erst verhaltenes Interesse und kindliche Reaktionen. Als jedoch die Beute in seine Nähe geschubst wurde, war es plötzlich aufmerksam und konzentriert. Es hielt die Beute im Maul und begann mehrmals besitzergreifend zu knurren. Daraufhin beschnupperte das Kätzchen die tote Maus. Als die Maus von ihm weggezogen wurde, folgte es ihr anfangs nicht, sondern schnupperte an der Stelle, wo sie gelegen hatte. Nach einigen Sekunden jedoch nahm das Junge die Maus ins Maul und als die Beute immer wieder von ihm weggezogen wurde, reagierte es mit seinem ersten, korrekt angesetzten Nackenbiss.

40 Spielen

Sobald sich bei den Kätzchen das Koordinationsvermögen entwickelt hat, beginnen sie zu spielen. Dies geschieht meist in der fünften bis sechsten Woche. Oft unternehmen sie auch schon früher Versuche, sobald sie springen und klettern können. Sie können nun mit ihren Pfoten nach einer herabhängenden Schnur greifen und mit ihr spielen.

Spezifische Bewegungen

Die anfangs noch plumpen Bewegungen entwickeln sich zu spielerischen Kämpfen. Je näher die Entwöhnung rückt, desto mehr Jagdbewegungen werden erkennbar. Sie werden in Spring-, Schlag- und Angelbewegungen unterteilt. Wenn man das Spiel von Kätzchen mit dem Verhalten von erwachsenen Tieren vergleicht, wird man feststellen, dass eine bestimmte Bewegung der Jungen sich auf mehrere Verhaltensweisen älterer Katzen beziehen kann. So wird die Schlagbewegung vorwiegend beim Einfangen von Vögeln eingesetzt, dient aber auch der Verteidigung im Stehen. Die nicht ganz so häufig in Spielen vorkommende Angelbewegung ermöglicht es der Katze, mit der Pfote in kleine Öffnungen zu gelangen und nach Beute zu stochern (siehe auch S. 38–39).

Eine andere Unterteilung beschreibt das Verhalten von Kätzchen mit Begriffen wie Angeln, Greifen, Schlagen und Ins-Maul-nehmen. Beim Umgang mit Wurfgeschwistern ist auch von Aktionen wie

Jagd, Aufrichten, Bauch zeigen oder Sprung die Rede. Jede auf einen Gegenstand angewandte Bewegung wird auch im Umgang mit anderen Kätzchen benutzt. Die Jungen schlagen nach ihren Geschwistern oder angeln nach ihrem Schwanz. Auf ähnliche Weise werden das Springen und Jagen auch bei einem Ball angewendet. Diese Bewegungen können mit dem Verhalten erwachsener Katzen verglichen werden. Stellt sich ein Kätzchen auf die Hinterbeine, legt sich sein Gegenüber auf den Rücken – ähnlich wie bei einem echten Kampf. John Bradshaw beobachtete, dass das meist mit dem Jagen in Verbindung gebrachte Spiel mit einem Gegenstand eher dem Verhalten beim so genannten „Beutespiel" entspricht.

Spiel und Rangordnung

Die übertriebenen und nicht aggressiven Bewegungen der Kätzchen deutet man als Spiel. Bisse finden „gebremst" statt. Zum Zeitpunkt der Entwöhnung ist das Spiel unter Wurfgeschwistern meist noch harmlos, doch es gibt bereits Unterschiede im Gewicht und im Selbstbewusstsein der Tiere. Innerhalb des Nestes entwickelt sich eine Rangordnung unter den Kätzchen. Das nervöse Verhalten eines untergewichtigen Jungen kann bei kräftigeren Kätzchen sehr forsche Reaktionen hervorrufen. Ab der siebten bis achten Lebenswoche verlagert sich das Spielen mehr auf Gegenstände und die Kätzchen konzentrieren sich auf Beute- und Kampfspiele. Diese Spiele werden immer heftiger und nach 14 bis 16 Wochen schwächen sich die Geschwisterbande aufgrund der steigenden Aggressivität ab.

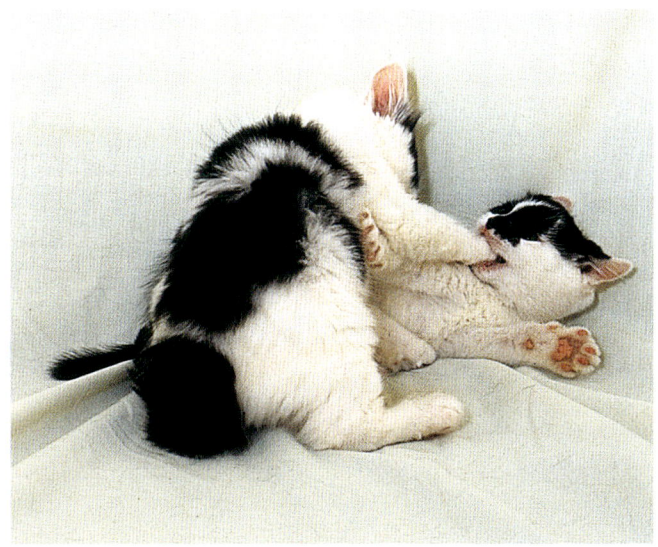

verwandte Themen ...   22   42   43   44   51

Verhalten der Katze

Sozialstruktur frei lebender Katzen

Ich interessiere mich schon lange für frei lebende Katzen und begann mit meinen Studien, als man Katzenkolonien noch kaum verstand und sie für lose Gruppen ohne Sozialstruktur hielt. Meine Hauptstudiengruppe lebte am Fitzroy Square in London und wurde von freundlichen Menschen gefüttert. Der Ort war ideal für Katzen mit seinem alten Garten mit guter Deckung, Rasen und Sonnenplätzen.

Verhalten

Langzeit-Kolonie

Mir wurde schon bald klar, dass es sich nicht um einen zufälligen, veränderlichen Zusammenschluss von Katzen handelte. Im Gegenteil: Es zeigte sich, dass dieselben Tiere Tag für Tag, ja Jahr für Jahr den Ort bewohnten. Die Gruppe lebte hier ununterbrochen seit mindestens 20 Jahren.

Zu jener Zeit ging man davon aus, frei lebende Katzen würden ein hartes und kurzes Leben führen. Aber ich entdeckte, dass die meisten von ihnen fit und robust waren. Ich wog die Katzen meiner Studiengruppen und fand, dass sie vom Gewicht her mit Hauskatzen vergleichbar waren. Eine weitere Annahme war, dass frei lebende Katzen viel größer würden, also führte ich Messungen durch. Wieder waren die Gemeinsamkeiten mit Hauskatzen offenkundig.

Während meiner Studien kamen weitere Tatsachen ans Licht. So entdeckte ich, dass der Aktionsraum meiner Kolonien viel kleiner war als derjenige der von Jane Dards in Portsmouth beobachteten Hafenkatzen und noch viel kleiner als derjenige der von David MacDonald und Peter Apps studierten Landkatzen. Das Muster war jedoch merkwürdigerweise das Gleiche: Kater beanspruchten ein etwa zehnmal größeres Gebiet als Kätzinnen und die Gruppen versammelten sich um eine Futterquelle. Ich beobachtete, dass die Anzahl der Katzen abhängig vom Nahrungsangebot war.

Bis wir die Bewegungen der Katzen aufzuzeichnen begannen, wusste keiner genau, wie das soziale System der Raumaufteilung bei Katzen funktionierte. Ähnliche Studien mit Tigern und Wildkatzen hatten gezeigt, dass in Katzenfamilien die Männchen einen beträchtlich größeren Raum beanspruchen als die Weibchen. Während sich aber die Aktionsräume der weiblichen Tiger und Wildkatzen kaum überschnitten, sammelten sich die frei lebenden Katzen in einer Kernzone, die aus einer Hauptfutterquelle, etwa einem Futter verteilenden Menschen oder einen Kaninchenbau, bestand. Wo also die Nahrung weiter verstreut zu finden ist, überschneiden sich die Gebiete der Kätzinnen weniger stark. Frei lebende Hauskatzen sind daher in Bezug auf ihren Aktionsraum flexibler und tolerieren andere Katzen in der Nähe, wenn eine gute Futterquelle existiert. Dennoch ähneln sie im Verhalten anderen Katzenarten.

Auf der ganzen Welt

Ich habe frei lebende Katzen überall auf der Welt studiert und fand heraus, dass sie trotz völlig unterschiedlicher Umweltbedingungen ähnliche Lebensweisen zeigten. In ländlichen Gebieten, wo das Nahrungsangebot dürftig ist, ist die Populationsdichte niedrig. In Städten ist die Lage umgekehrt. Hinzu kommt, dass ein erheblicher Teil der Katzenpopulation immer frei lebt. Auf den ägyptischen Bazaren gibt es Katzen, in deren Stammbäumen nur wenige echte Hauskatzen auftauchen. Das gilt fast genauso für britische Katzen.

In England prägen Hauskatzen die bewohnten Gebiete. Unsere im Haus lebenden Katzen müssen, wenn sie Hunger haben, nur von ihrem Schlafplatz bis zu ihrer Futterschüssel gehen. Frei lebende Katzen weisen demnach nicht die gleiche Populationsdichte auf und benötigen größere Gebiete zur Nahrungssuche. Sie füllen die von unseren Hauskatzen übrig gelassenen Lücken im Stadtbild aus, etwa Fabrikgelände und Plät-

ze. In vielen Ländern führen Hauskatzen ein freieres und wilderes Leben. In ländlichen Gemeinden, die vorwiegend für den Eigenbedarf produzieren, gilt die Katze nach wie vor als Nutztier. In einem Dorf in den spanischen Pyrenäen unterhielt ich mich mit einer Frau über ihre Katzen. Ihre Katzen waren für die Kontrolle der Nagetiere zuständig. Sie warf ihnen Fleischbrocken zu, über die sie sich knurrend hermachten. Die gleiche Situation fand ich in vielen Ländern der Erde vor.

Kastration

Die Kontrolle frei lebender Katzen ist ein emotionsgeladenes Thema. Klar ist, dass die Tötung aller Katzen einer Kolonie keinen Erfolg bringt, da wieder Katzen aus anderen Gebieten einwandern würden. Eine kontrollierte, stabile Kolonie verhindert diesen „Vakuumeffekt". Wenn man die Katzen einer ganze Kolonie kastriert und in ihr Gebiet zurückbringt, werden sie fremde Katzen fernhalten. Die Population wird sich jedoch in den folgenden Jahren verringern.

In den 1970er Jahren sprach sich Ex-Model und Tierfreundin Celia Hammond gegen die nutzlose Methode des Einfangens und Tötens aus und begann damit, kastrierte Katzen an Ort und Stelle wieder auszusetzen. Als ich meine Katzen vom Fitzroy Square vor und nach der Kastration beobachtete, zeigte sich, dass die abnehmende Population noch viele Jahre auf ihrem Gebiet blieb. Der von mir ins Leben gerufene „Cat Action Trust" hat seither viele tausend Katzen in England kastriert. Diese Methode wurde danach weltweit von vielen Organisationen übernommen.

Obwohl viele Organisationen und Privatleute in den USA diese Technik zur Populationskontrolle anwenden, hat sie auch ihre Gegner, die der Meinung sind, diese Katzen führten ein schreckliches Leben und man müsse sie töten, um sie von ihrem Leiden zu erlösen. In unserer großen, aus vielen Katzenhaltern bestehenden Gesellschaft muss es verschiedene Meinungen geben. Wenn man über die Unterschiede diskutiert, versteht man nicht nur den Sinn der Kastrationsmethode, sondern auch die frei lebenden Katzen besser.

41 Katzenbeziehungen

Fleischfresser, die wie Hunde in Rudeln jagen, brauchen eine Rangordnung. Streitereien können zu gefährlichen Kämpfen eskalieren, so dass ein ganzes Repertoire an Besänftigungsgesten notwendig ist. Im Gegensatz dazu zeigen Katzen ein stark territoriales Verhalten und jagen einzeln. Ihr Umgang miteinander und ihre Aggressivität sind daher ganz anders.

Verhalten

Besänftigungsgesten

Vor der Domestizierung erreichten die einzeln jagenden Katzen durch Nahrungsmangel keine hohe Populationsdichte, so dass kein Bedarf zur Besänftigung von Konkurrenten bestand. Auch heute ziehen es Katzen vor, einem Artgenossen zu drohen, zu kämpfen, sich zurückzuziehen oder ihm aus dem Weg zu gehen. Wenn eine Katzengruppe durch eine Futterquelle zusammengehalten wird, zeigen die Mitglieder eher Toleranz als Kooperation. Da eine Katze kein Rudel zum Überleben braucht, ist eine typische Rangordnung überflüssig, und Aggressionen innerhalb der Gruppe sind weder kritisch noch ist Beschwichtigung nötig. Es werden jedoch Bindungen innerhalb der Gruppe durch Aneinanderreiben und gegenseitige Fellpflege aufgebaut. Wir Menschen schenken den Katzen dafür unsere Zuneigung. Doch die Methoden der Katzen, ihr Revier mit verschiedenen Markierungen abzugrenzen, erinnern schon an ein „Säbelrasseln" bei eigener Abwesenheit. Die eigene Präsenz auf diese Weise zu verdeutlichen, ist sicher keine Besänftigung, verhindert aber aggressive Auseinandersetzungen, sofern der Eindringling sie nicht ignoriert.

Unter frei lebenden Katzen dienten 93 % der Kontakte der engeren Bindung (gegenseitiges Putzen und Aneinanderreiben), während nur 7 % aggressiv waren. Bei frei lebenden und Landkatzen sind die Auseinandersetzungen unter Gruppenmitgliedern eher harmlos. Ernst wird es nur bei männlichen Eindringlingen. Bei Stadt- und Wohnungskatzen kommen Aggressionen durch Enge oder wenn Zeit für Signale fehlte, die Kontakt erlauben, dagegen öfter vor.

Freunde?

Meist sitzen Katzen nur eng zusammen, wenn es sich um Mitglieder der gleichen Gruppe oder Familie handelt. In Haushalten mit mehr als einer Katze gestalten sich die sozialen Beziehungen dynamisch. Wie gut das Verhältnis ist, lässt sich daran ablesen, wie eng und wie oft die Katzen zusammen kuscheln und nebeneinander dösen. Auch Gähnen und Blinzeln sind Bindungssignale. Selbst Wohnungskatzen halten Distanz, wenn sie sich nicht derselben Gruppe zugehörig fühlen.

42 Spiele erwachsener Tiere

Wir erkennen, wenn Katzen spielen, und wissen, dass junge Katzen verspielter als erwachsene Tiere sind. Es scheint eine Vorbereitung auf das spätere Leben zu sein, doch das Spielen ist schwieriger einzuschätzen als beispielsweise das Beutefangverhalten. Das liegt nur zum Teil an unserer Perspektive, denn Spielen ist um einiges vielschichtiger als Beutefang.

Was heißt Spielen?

Bei Tieren wie der Katze, deren volle Bandbreite an Verhaltensweisen noch nicht direkt nach der Geburt vorhanden ist und die ein komplexes Nervensystem besitzt, ist Spielen am weitesten verbreitet. Es wird oft als paradoxe Verhaltensweise bezeichnet, weil es das gegenteilige, nichtspielerische Verhalten widerspiegelt. So wird sich bei einer Revierstreitigkeit unter erwachsenen Katzen der Gegner zurückziehen, während das spielerische Kämpfen bei Kätzchen Bestandteil der Sozialisierung unter Wurfgeschwistern ist.

Was gemeinhin als „Spielen mit der Beute" bezeichnet wird, ist die abgeschwächte Form der Jagd mit dem Töten des Opfers (siehe S. 36). Wenn sich das bei Hauskatzen über längere Zeit hinzieht, scheint auch Verspieltheit beteiligt zu sein. Bei der Beschäftigung mit unbelebten Gegenständen wie einer Papierkugel ist die Spielkomponente leichter zu erkennen, wenn die Katze das Spiel initiiert.

Spiel mit Menschen

Wenn erwachsene Katzen mit uns spielen, halten wir dies für eine übernommene Verhaltensweise aus ihrer Jugend. Unsere Hauskatzen haben jedoch viel Freizeit, weil sie weder Beute fangen noch durch Reviere patrouillieren müssen. Doch diese Verhaltensweisen sind noch vorhanden und werden durch Spielen ausgelebt. Erwachsene Katzen spielen zwar weniger als junge, doch sie spielen von sich aus ohne unser Zutun. Man sollte daher keine Vergleiche zwischen der Spielhäufigkeit junger und einzeln gehaltener erwachsener Katzen anstellen, da Katzenkinder die Wurfgeschwister dazu brauchen. Ein besserer Vergleich wäre das Spiel erwachsener Katzen mit uns Menschen.

verwandte Themen ...   21   40   44   45   46   69

Mimik der Katze

Im Gesicht einer Katze spiegelt sich ihre Stimmung wider, aber außer dass diese von anderen Katzen erkannt wird, sind die Veränderungen funktionaler Natur. Erweitern sich die Pupillen, bessert sich das Sehvermögen – die Katze erkennt Angreifer rechtzeitig. Verengen sie sich, verbessert sich die Entfernungsabschätzung – ein Vorteil bei der Einschätzung des Angriffszieles.

Verhalten

Ohrstellungen

Wenn eine Katze den Schwanz aufstellt und den Rücken krümmt, kann sie sich entweder in Angriffs- oder Verteidigungsstimmung befinden. Fühlt sie sich in die Enge getrieben, dann droht sie mit einem „mrrau"-Laut, doch erst ein Blick auf ihre Ohren sagt uns, was wirklich in ihr vorgeht. Liegen die Ohren flach am Kopf an, fühlt sich die Katze in der Defensive. Liegen sie flach am Kopf an, so dass jedoch noch die Spitzen von vorn zu sehen sind, dann ist sie der Angreifer.

Auf uns wirken diese Ohrstellungen sehr ähnlich, doch für Katzen sind sie unmiss-

verständlich. Befindet sich eine Katze auf ihrem eigenen Territorium, so ist sie im Vorteil gegenüber einer fremden, so dass es Angreifer und Verteidiger gibt. Treffen aber zwei ebenbürtige, aggressive Kater aufeinander, die beide Angriffslust signalisieren, kommt es zu einer zwar seltenen, aber ernsten Auseinandersetzung (siehe S. 78–79).

Kämpfen die Kater, bleiben die Ohren des Verteidigers angelegt. Die des Angreifers sind ebenfalls flach angelegt, jedoch mit einem Knick nach vorne. Möchte der Angreifer sein aggressives Verhalten einstellen, dann werden die Ohren wieder in Normalstellung gebracht. Diese Veränderungen der Ohrstellung erfolgen so schnell, dass sie kaum wahrgenommen werden können.

Augen

Bei einer defensiven Katze sind die Pupillen vor Angst geweitet, während die des Angreifers zu Schlitzen verengt sind. Dies ist Teil der durch das autonome Nervensystem ausgelösten Kampf-oder-Flucht-Reaktion, die auch das Aufstellen der Haare verursacht. Der Angreifer nimmt eine drohende Haltung an, indem er sich seitwärts nähert, um größer zu wirken. Bevor er sich auf die andere Katze stürzt, dreht er seinen Kopf. Die verängstigte, defensive Katze duckt sich, um zurückzuschlagen oder legt sich auf den Rücken, um sich mit den Hinterbeinen gegen den Angreifer zu verteidigen.

44 Ohrsignale

Erwachsene Katzen benutzen die Ohren, um anderen Katzen ihre Stimmung mitzuteilen. Junge Kätzchen haben ihre Ohren noch kaum unter Kontrolle. In diesem Alter ist eine Attacke meist spielerisch zu verstehen und selbst wenn sie ihre Ohren in Droh- oder Defensivstellung bringen können, drücken sie damit selten ihre Stimmung aus.

Beweglichkeit der Ohren

Meiner Meinung nach merken Kätzchen, dass in ihrem Alter vermeintliche Bedrohungen noch nicht ernst gemeint sind. Dass junge Katzen ihre Ohren nicht in Droh- oder Defensivstellung bringen können, hat auch organische Gründe. In den frühen Entwicklungsstadien sind die Ohren zu unbeweglich, um Signale zu geben.

Geburt bis 1. Woche: Ohren sind rund und unbeweglich.

2. Woche: Ohren entwickeln sich, sind jedoch die ganze Zeit über umgeknickt und noch immer unbeweglich. Sie vermitteln dadurch eine defensive Haltung.

3. Woche: Ohren sind aufgerichtet, aber sehr dick und relativ unbeweglich.

4. Woche: Ohren sind voll aufgerichtet.

5. Woche: Ohren werden immer beweglicher und können angelegt, aber nicht richtig zurückgeklappt werden.

6. Woche: Ohren sind groß und können bei Kontakt umgefaltet werden.

7. Woche: Ohren können nun richtig umgeklappt werden, doch in der Hektik ihres Spiels übermitteln die Kätzchen meist keine aggressiven Ohrsignale.

verwandte Themen ...   40   43   45   47   71

45 Spiel mit dem Schwanz

Katzen scheinen das ganze Leben lang immer wieder von ihrem Schwanz fasziniert zu sein. Obwohl er schon immer da gewesen ist, scheinen sie ihn plötzlich zu bemerken und sie versuchen, ihn zu jagen und zu fangen. Dieses Spielen mit dem eigenen Schwanz amüsiert Zuschauer sehr und ist genau das, wonach es aussieht – ein Spiel.

Verhalten

Mein Schwanz, dein Schwanz?

Zum ersten Mal mit fünf Wochen, dann aber mit sieben Wochen ist das Spiel mit dem Schwanz die größte Attraktion für ein Kätzchen. Es läuft dem Schwanz eines anderen hinterher und stupst ihn dabei mit den Pfoten an. Das andere Junge mag aber mit etwas anderem beschäftigt sein und reagiert nicht. Nach einigen Sekunden wird daher die Aufmerksamkeit des Verfolgers auf etwas anderes gelenkt und das Spiel ist zu Ende. Vielleicht hat dieses Hinterherlaufen etwas mit der Rangordnung zu tun hat, da einige Kätzchen eher verfolgt werden, andere wiederum häufiger jagen.

Auch ältere Katzen spielen mit dem Schwanz. Das führen Katzenbesitzer oft als Beispiel dafür an, dass ihre Katze „Sinn für Humor" habe. Die Katze stützt sich an einer Rückenlehne oder einem Treppengeländer ab und dreht sich mit gesenktem Kopf um sich selbst. Sobald sie die richtige Position erreicht hat, versucht sie, den eigenen Schwanz zu erwischen. Dieses Verhalten zeigt sich oft, wenn sich die Katze in freudiger Stimmung befindet, zum Beispiel wenn ihr Mensch nach Hause kommt. Häufig lässt sich dieser auch auf das Spiel mit seiner Katze ein, indem er sie nach einem Stift oder einer Schnur grabschen lässt.

Der Schwanz einer Katze ist äußerst beweglich und dient der Balance, wenn sie schnell um eine Ecke läuft, oder um die Position zu stabilisieren, wenn sie einen Baum emporklettert. Stellung und Bewegung des Schwanzes drücken aber auch die Stimmung einer Katze aus und werden im sozialen Umgang mit anderen Katzen eingesetzt.

Anhänglich oder besänftigend?

Wann dient ein Signal der sozialen Beziehung und wann der Besänftigung? Durch Besänftigung will ein Tier von niedrigerem Rang einer aggressiven Auseinandersetzung mit einem anderen aus dem Weg gehen. Da es bei Katzen keinen klar umrissenen Rang gibt, haben ihre Signale meistens soziale Bedeutung. Hunde warnen mit erhobenem Schwanz, während ein aufgerichteter Schwanz bei Katzen anzeigt, dass sie gern durch Reiben Kontakt aufnehmen würden – motiviert durch das Bedürfnis nach Bindung und nicht Besänftigung. Dabei sind Andeutungen einer Rangordnung zu erkennen, weil Katzen niedrigeren Ranges sich häufiger freundlich an höherrangigen reiben. Der aufgerichtete Schwanz stellt auch eine Begrüßung dar mit der Aufforderung, sich freundschaftlich anzunähern.

Schwanzsprache

Aufrecht mit umgeknickter Spitze: neutrale Stimmung, die Schwanzspitze wippt im Laufrhythmus vor und zurück.

Zu voller Länge aufgerichtet: Begrüßung einer anderen Katze oder eines Menschen, oft gefolgt von Köpfchen geben. Kätzchen begrüßen so ihre Mutter und reiben sich an ihr, wenn sie ihnen Beute mitbringt. Sobald wir über den Rücken unserer Katze streichen, richtet sich ihr Schwanz auf. Fährt man damit fort, dann plustern viele Katzen das untere Schwanzdrittel auf, während sie gleichzeitig tretein und schnurren. Auch die Analdrüsen sind beteiligt. Liegt die Katze lang ausgestreckt mit erhobenem Schwanz da, versucht sie sich abzukühlen.

Zu voller Länge aufgerichtet und zuckend: In dieser Stellung markieren Katzen mit gestreckten Hinterbeinen. Dies gilt auch für das „Luftmarkieren", bei dem kastrierte Katzen ähnliche Bewegungen ausführen, ohne tatsächlich zu markieren, wenn sie unbekanntes Gebiet betreten.

Zur Seite geschoben wird der Schwanz bei der Hohlkreuz-Stellung, die die Kätzin beim Paarungsakt einnimmt.

Schwanz zuckt im Sitzen: Die Katze überprüft, ob sich auch nichts hinter ihr befindet. Wenn ein Mensch hinter der Katze steht, dann schlägt sie mit ihrem Schwanz gegen seine Beine. Manchmal drückt sie damit auch Gereiztheit aus.

Wedeln: Das reicht von kleinen, irritierten Zuckungen, die auf einen emotionalen Konflikt oder eine zu treffende Entscheidung hindeuten können, bis hin zu ausgeprägtem Schlagen in Verbindung mit Knurren, wenn sich zwei Kater gegenüberstehen.

Nach unten gerichtet mit erhobenem Rumpf: Wenn eine aggressive Katze Seite an Seite zu einer anderen steht.

Aufgeplusterter, gekrümmter Schwanz: Die Katze krümmt den Rücken und schwankt zwischen aggressivem und defensivem Verhalten. Junge Katzen zeigen dieses Verhalten vor allem in Gegenwart von Hunden. Hat sich die Katze für aggressives Vorgehen entschieden, ist der Schwanz weiterhin aufgeplustert, aber gerade oder nach unten ausgestreckt.

Schwanz an den Körper geschmiegt: Bei einer liegenden Katze, die sich wohl fühlt. Bei einer ängstlichen Katze signalisiert diese Stellung eher defensives, aber nicht unterwürfiges Verhalten.

Katze auf dem Rücken liegend mit vertikal erhobenem Schwanz: Eine absolut defensive Haltung der Katze. Sie schützt ihr Genick und ist bereit, ihren Gegner zu schlagen. Das Schlagen erfolgt meist aus dieser Position heraus.

verwandte Themen ...   **43**   **47**   **51**

Katzenbuckel

Die meisten Katzenhalter kennen die eindrucksvolle Katzenbuckel-Stellung, durch die eine Katze größer erscheinen will. Studien über die Ausdrucksmöglichkeiten bei Katzen in bedrohlichen Situationen haben gezeigt, dass diese Haltung äußerste Anspannung in einem Zustand zwischen defensiver und aggressiver Stimmung signalisiert.

Verhalten

Die Stellung halten

Katzen signalisieren über ihre Körperhaltung und Mimik nicht nur aggressives Droh- oder Angriffsverhalten und defensives Ducken. Dazwischen liegt das Katzenbuckeln, bei dem die Katze hoch aufgerichtet auf den Beinen steht, den Rücken in hohem Bogen krümmt und die Haare an Schwanz und Rücken zur Bürste aufstellt. Diese Haltung nehmen junge Katzen angesichts einer offensichtlichen Gefahrensituation ein. Auch stellt sich die Katze seitlich zur Gefahrenquelle, um größer zu erscheinen.

Der Katzenbuckel wird oft Hunden gegenüber eingesetzt. Die hochbeinige Stellung einer aggressiven Katze ist mit dem gesenkten Kopf, den aufgestellten Haaren und dem Fauchen einer defensiven gepaart. Die Katze befindet sich in der Defensive und versucht mutig dabei, aggressiv zu wirken. Die Bewegungen beim Gehen wirken aufgrund des Konflikts hölzern. Die Pupillen nehmen eine Stellung zwischen ängstlich geweitet und aggressiv verengt ein.

verwandte Themen ...   **43**   **44**   **46**   **48**   **50**

Angsthasen

Bei erwachsenen Katzen lassen sich unsichere Verhaltensweisen nervöser, scheuer und abhängiger Tiere unterscheiden. Diese Unterschiede hängen jedoch von der Anwesenheit des Besitzers ab. Ist er abwesend, kann man die Vorsicht einer abhängigen Katze und die einer schüchternen Katze, die nicht an Menschen gewöhnt ist, kaum auseinander halten.

Auswirkungen der Angst

Ängstliche Katzen sind stressempfindlich. Meist reagieren sie scheu Menschen, Störungen und Geräuschen gegenüber, suchen sich ein Versteck und meiden jeglichen Kontakt. Bringt man sie in eine neue Umgebung, dann verhalten sie sich nicht neugierig, sondern sitzen nervös und still da. Vor Fremden fliehen sie meist schneller als zutrauliche Katzen. Eileen Karsh entdeckte bei einigen Katzen Hinweise auf eine genetische Veranlagung für Scheuheit, doch der regelmäßige Umgang mit Menschen in ihrer Kindheit führt meist zu weniger Scheuheit im Erwachsenenalter.

Um ein Maß für die Ängstlichkeit und den Einfluss der Menschen zu finden, stoppte Karsh die Zeit, die Katzen brauchten, um ein Versteck zu verlassen. Wenn keine Person anwesend war, verließen selbstbewusste Katzen nach 18 Sekunden ihr Versteck. War jemand da, dauerte es sogar nur 3 Sekunden. Anders bei furchtsamen Katzen. Sie brauchten 86 Sekunden, wenn keine Person in der Nähe war und 75 Sekunden, fast gleich lang, wenn jemand anwesend war.

Ängstlichkeit bei sonst selbstsicheren Katzen

Ich habe herausgefunden, dass es erhebliche Auswirkungen hat, wenn eine Katze in ihrer Kindheit sich nicht an Menschen gewöhnen konnte oder im Erwachsenenalter keinen Umgang mit Menschen hatte. Dies zeigte sich, als man frei lebende Katzen einfing und in einen kleinen Raum sperrte: Sobald eine Person den Raum betrat, verzogen sie sich in den engen Spalt hinter der Tür. Sie waren scheu durch fehlende Erfahrungen mit Menschen. Bei ihren normalen Aktivitäten traten sie selbstbewusst auf.

Ähnliches gibt es bei unseren Hauskatzen: Selbstbewusste Kater mit überdurchschnittlich großen Aktionsräumen, die erfolgreiche Jäger und ihren Besitzern gegenüber sehr zutraulich sind, verkrümeln sich ganz schnell, wenn Fremde in der Nähe sind. Man muss daher zwischen einer allgemeinen Scheuheit und einer, die durch mangelnde Gewöhnung an Menschen im Babyalter entstanden ist, unterscheiden.

verwandte Themen ...   37   49   88

49 Anhängliche Katzen

Unsichere, anhängliche Katzen sind die „Ein-Mann-Hunde" der Katzenwelt, weil sie nur auf ihren Besitzer fixiert sind und sich anderen Menschen gegenüber sehr scheu und nervös verhalten. Innerhalb einer Familie können sich solche Katzen umstellen und mehrere Personen akzeptieren.

Nähe. Extrem anhängliche Katzen haben auch einen Hang zu depressivem Verhalten. Bringt man sie zum Beispiel in eine Katzenpension, dann verweigern sie das Futter und verlieren an Gewicht, weil sie ihres Besitzers, also ihres Lebensmittelpunkts, beraubt wurden.

Abhängige Kätzinnen

Unsichere, ängstliche Kätzinnen können selbst ihrem Besitzer gegenüber ein recht merkwürdiges Verhalten zeigen. Wenn man ihnen zum Streicheln mit der Hand über den Rücken fährt, dann drücken sie im Gehen den Rücken durch. Geht auch die Hand mit nach unten, gehen sie in die Knie wie ein Limbotänzer. Hat eine solche Katze aber erst einmal Vertrauen gewonnen, dann wird ihre Angst schwinden und sie wird beim Streicheln nicht nur stehen bleiben, sondern sogar ihren Körper aufrichten, um sich an die Hand zu drücken. Solche Katzen werden oft als neurotisch bezeichnet, weil sie zwischen Rückzug aus Unsicherheit und ängstlichem Klammern hin und her schwanken. Diese und andere Verhaltensweisen entstehen durch den inneren Konflikt, einerseits Kontakt aufnehmen zu wollen und andererseits, sich genau davor zu fürchten. Eine solche Katze rennt beispielsweise wie panisch zwischen der Katzenklappe und ihrem sie rufenden Besitzer hin und her.

Wodurch entsteht die Fixierung?

Es kann relativ leicht zu einer Fixierung kommen, wenn das Kätzchen im Verhältnis zu seinen Geschwistern kleiner war, seiner Mutter vor der vollständigen Entwöhnung weggenommen wurde oder in den ersten Lebenswochen keinen richtigen Umgang mit Menschen hatte. Wenn junge Katzen Kontakt zu mehreren Personen hatten, akzeptieren sie auch später fremde Menschen leichter.

Wie erkennt man Abhängigkeit?

Nervöse, anhängliche Katzen setzen sich öfter auf den Schoß ihres Besitzers, verbringen mehr Zeit in seiner Gegenwart, treteln häufiger auf seiner Brust und reiben sich an ihm oder Gegenständen in seiner Nähe. Aufgrund der Sicherheit, die ihnen die Gegenwart ihres Besitzers vermittelt, möchten sich unsichere Katzen an ihm reiben. Weil sie jedoch gleichzeitig ängstlich sind, reiben sie sich lieber an Gegenständen in seiner

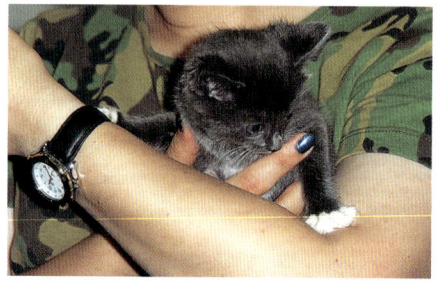

50 Revierstreitigkeiten

Katzen können relativ nah aufeinander leben und dabei nur gelegentlich kleinere Streitigkeiten austragen. Doch Kämpfe um das Revier lassen sich selbst bei Hauskatzen nicht ausschließen, vor allem wenn ein Neuankömmling auftaucht. Für einige Katzen können sich solche Auseinandersetzungen verheerend und für längere Zeit auf ihr Selbstbewusstsein auswirken.

Verhalten

Mehrkatzenhaushalte

Draußen ausgetragene Revierstreitigkeiten können sich auf die Beziehungen der Katzen innerhalb eines Haushalts auswirken. Mein kastrierter Kater Leroy war ans Haus gebunden, weil er sich von einem Abszess erholte, der durch einen Angriff des neuen Nachbarkaters entstanden war. In dieser Zeit war sein Selbstbewusstsein angekratzt, so dass meine Katze Tabitha die Situation nutzte und leicht aggressiv war. Neuen Katzen in einem Mehrkatzenhaushalt kann die Eingewöhnung Probleme bereiten. Manche gehen sogar ganz weg oder werden aggressiv. Bei Burmesen sollen solche Streitereien meist mild ablaufen.

verwandte Themen ...   17   18   19   43   48   49   51   77

Raufereien

Einige Aspekte des Kampfverhaltens können in der Katzenhaltung unerfahrene Menschen überraschen. Wenn bei Hunden die Rangordnung feststeht, werden Hündinnen kaum noch angegriffen. Bei Katzen geht es aber um das Revier, so dass es zu Kämpfen zwischen Katern und Kätzinnen kommen kann. Dennoch zeugen die zerfetzten Ohren unkastrierter Kater von mehr und ernsteren Kämpfen mit anderen.

Überraschungsangriffe

Menschen reagieren manchmal sehr besorgt, wenn Katzen, die sich sonst gut verstehen, ganz plötzlich aneinander geraten. Es kann vorkommen, dass eine friedlich vor sich hin dösende Katze von einer andern ohne Provokation angegriffen wird. In Wirklichkeit kommt es für die attackierte Katze gar nicht so überraschend, weil sie auch beim Dösen ihre Augen leicht offen hatte und auf den Angriff vorbereitet war. Normalerweise dreht sich die angegriffene Katze mit angelegten Ohren auf den Rücken, um mit erhobenen Vorderpfoten die Attacke ab-

zufangen. In dieser Rückenlage versucht die Katze, das Gewicht des Angreifers mit den Hinterpfoten wegzudrücken. Gleichzeitig hält sie ihn mit den Vorderpfoten in Schach: Mit ausgefahrenen Krallen schlägt sie in rascher Folge auf den Kopf des Angreifers ein, bis dieser den direkten Kontakt meidet.

Angriffsstellungen

Bei einem Kampf bewegt sich der Angreifer meist seitwärts um die auf dem Rücken liegende Katze herum (siehe oben). Einesteils will er größer zu wirken, andernteils will er den richtigen Moment für einen Sprung auf die liegende Katze abpassen. Bei solchen

Raufereien dauern die Pausen zwischen den einzelnen Angriffen länger als bei einem echten Kampf, nämlich etwa 15 Sekunden. Während dieser Pausen schlägt der Angreifer mit seinem Schwanz um sich und die auf dem Rücken liegende Katze versucht noch ein paar Pfotenhiebe auszuteilen, damit er nicht zu nahe kommt. Es kann vorkommen, dass der Angreifer aus Unsicherheit zwischendurch hektische Putzbewegungen macht. Wahrscheinlicher aber ist, dass er seinen Vorteil nutzt, zum Kopf des Unterlegenen geht und sich seitlich davon sprungbereit aufstellt.

In dieser Lage wird die sich verteidigende Katze mit flach angelegten Ohren versuchen, noch mehr Pfotenhiebe auszutei-

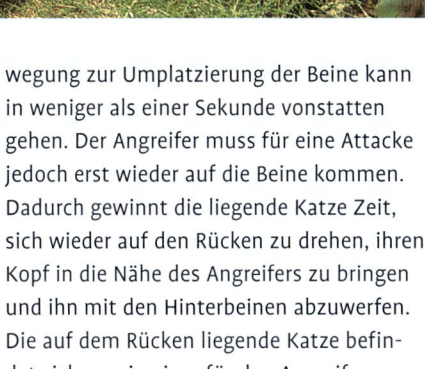

wegung zur Umplatzierung der Beine kann in weniger als einer Sekunde vonstatten gehen. Der Angreifer muss für eine Attacke jedoch erst wieder auf die Beine kommen. Dadurch gewinnt die liegende Katze Zeit, sich wieder auf den Rücken zu drehen, ihren Kopf in die Nähe des Angreifers zu bringen und ihn mit den Hinterbeinen abzuwerfen. Die auf dem Rücken liegende Katze befindet sich nun in einer für den Angreifer ungünstigen Stellung.

Diese Hals-über-Kopf-Stellung sieht unvorteilhaft aus, doch für eine Katze ist sie die stärkste Abwehrposition (links). Ein paar flinke Abwehrhiebe und die ganze Sache ist normalerweise beendet. Der Angreifer verliert das Interesse, die angegriffene Katze beruhigt sich und es kehrt wieder Ruhe ein, auch wenn der Status quo noch etwas unausgeglichen ist.

len und ihren Körper zu drehen, um dem Angreifer seinen Vorteil zu nehmen (ganz oben). Dieser wird wiederum versuchen, eine Kopf-an-Kopf-Stellung einzunehmen und mit seinen Vorderpfoten die Brust des Gegners zu umklammern. Durch eine Körperdrehung kann die liegende Katze die Bedrohung durch den Angreifer vorübergehend abwenden und mit den Hinterbeinen nach ihm kratzen oder ihn wegschubsen (oben). Bei seinem Sprung bringt der Angreifer seinen Kopf in unmittelba-

re Nähe der unten liegenden Katze und versucht gleichzeitig, ihre Brust zu umklammern. Dabei nehmen seine Ohren nicht mehr die aggressive Drohstellung ein, sondern werden zum Schutz flach an den Kopf angelegt.

Gelingt es der sich verteidigenden Katze, sich auf den Rücken zu drehen, so kann sie den Angreifer in eine Position bringen, in der seine Hinterbeine auf dem Boden – nicht in ihrem Bauch – landen. Diese Be-

51 Katerkämpfe

Meist verhalten sich Katzen eher tolerant als aggressiv und Streitereien sind selten schlimm und schnell zu Ende. Wenn aber zwei unkastrierte Kater mit gleichwertigen territorialen Ansprüchen aufeinandertreffen und ihrer Angriffslust durch Ohrstellung und Haltung Ausdruck verleihen, kann der folgende Kampf äußerst heftig sein (siehe auch S. 78–79).

Verhalten

Kampfregeln

Die Drohschreie zweier kampfbereiter Kater sind unverwechselbar. Sie stehen sich gefährlich nah, wobei sich ihre mächtigen Katerköpfe beinahe berühren. Manchmal sieht man sie schlucken und sich über die Lippen lecken. Wenn sie sich so einige Minuten gegenübergestanden haben, stürzt sich einer der beiden plötzlich auf seinen Gegner, um ihn ins Genick zu beißen. Der Angegriffene geht in die Rückenlage ein (siehe S. 78) und beide versuchen, die Brust des anderen zu umklammern. Dies sowie die Intensität des Kampfes unterscheidet eine Auseinandersetzung zwischen zwei Angreifern von der zwischen einem Angreifer und einem Verteidiger.

Beide Kater rollen sich mit den Vorderpfoten eng umklammert über den Boden, wobei die Tritte mit den Hinterbeinen so stark werden können, dass einer der Kater wie bei einem Judowurf über den Kopf des anderen geschleudert wird. Er wird sich aber in Sekundenschnelle wieder auf seinen Gegner stürzen. Das Tempo, mit dem er sich wieder über den anderen hermacht, steht in deutlichem Gegensatz zu den eher gemäßigten Raufereien unter Katzen desselben Haushaltes. Bei einem ernsten Kampf hingegen kommt es vor, dass die Kater plötzlich innehalten, sich Auge in Auge gegenüberstehen und androhen, und sich dann wieder aufeinander stürzen.

Bleibt ein Kater defensiv am Boden liegen, hat er die Rolle des Unterlegenen angenommen und der andere wird dies anerkennen und seine Attacken einstellen. Katzen besitzen keine echte Unterwerfungsgeste, so dass sich eine defensiv verhaltende Katze nicht automatisch auch unterordnet. Mit dieser Bewegung geht die Katze gerade soweit, die Überlegenheit der anderen anzuerkennen.

52 Hund und Katze

Zwar jagen Hunde Katzen, doch verhalten sie sich ihnen gegenüber respektvoller als es scheint. Katzen geben kaum Signale der Unterwerfung. Durch ihre Lebensweise als weitgehende Einzelgänger haben sie kein Besänftigungsverhalten wie Hunde entwickelt. Das heißt, sie können gefährlich sein, weil sie sich, in die Enge getrieben, verteidigen werden.

Katzenmut

Das katzentypische „Kämpfen bis zuletzt" und ihre beeindrucken-den Waffen veranlassen selbst den größten Hund zum Rückzug, wenn er einer in die Enge getriebenen Katze gegenüber steht. Bei vielen Auseinandersetzungen geht die Katze als Sieger hervor. Wenn ein Hund eine Katze jagt und diese sich auf einen Baum flüchtet, fühlt sie sich dort sicher und wartet ab, bis der Hund da-vongeht. Jagt derselbe Hund dieselbe Katze auf einen Gartenzaun, der nicht hoch genug ist, um der Katze ein sicheres Gefühl zu geben, fühlt sie sich in die Enge getrieben. Springt der Hund nach oben, erwarten ihn scharfe Krallen. Dem Hund bleibt nur der Ab-gang – und zwar schnell.

Katzenhalter sprechen daher gern vom „Mut" ihrer Katze, ob-wohl Vorfälle wie der folgende sicher selten sind. Eine Frau öffnet die Tür und dort steht ein Fremder, der sie mit einem Beil bedroht. Ihre Katze rettet ihr das Leben, indem sie dem Mann von der Trep-pe aus ins Gesicht springt und es zerkratzt. Diese scheinbar coura-gierte Tat war aber wohl nur der Versuch der erschreckten Katze zu entkommen.

verwandte Themen ...   3   10   43   48   49   50

53 Miauen, Gurren, Zwitschern

Als kleine Katzenart, deren Vorfahren afrikanische Falbkatzen waren, beherrscht die Hauskatze natürlich nicht das Brüllen der Großkatzen. Von allen Lauten, die sie erzeugen kann, hört man das fordernde „Miau" am häufigsten. Oft ertönt es besonders lautstark, wenn die Katze nach Hause kommt und ihre Ankunft kundtut.

Form des Gurrens, wird als Anerkennung verstanden. Man hört es, wenn man zum Beispiel eine dösende Katze mit der Hand berührt und sie darauf einen kurzen Laut von sich gibt, aus dem man das Fragezeichen beinahe heraushören kann.

Laute bei geöffnetem Maul

Sämtliche Miau-Laute bestehen aus einer festgelegten Vokalabfolge, wobei das Maul zuerst geöffnet und dann allmählich geschlossen wird. Die Qualität dieser Laute ändert sich je nach Betonung und Geschwindigkeit. Man interpretiert sie daher als fordernde, bettelnde, verunsicherte und jammernde Miau-Laute.

Die vielfältigen Miaus entwickeln sich aus den begrenzten Miaurufen der Kätzchen. Immer wenn sich ein Junges außerhalb des Nestes befindet, gibt es verzweifelte Schreie von sich, die sofort die Mutter herbeiholen. Hält man ein einwöchiges Kätzchen auch nur eine Sekunde länger auf der Hand als es mag, wird es markerschütternd schreien! Erst mit elf Wochen können die Kätzchen den vollen Miau-Laut bilden.

Defensive oder aggressive Laute wie das Fauchen (unten) werden ebenfalls mit geöffnetem Maul gebildet.

Laute bei geschlossenem Maul

Zu den bei geschlossenem Maul erzeugten Lauten zählt das katzentypische Schnurren. Ebenso gehört dazu das sich steigernde Gurren zur Begrüßung, wobei die Katze leicht den Rücken krümmt, den Schwanz aufstellt und manchmal kurz die Vorderpfo-

ten hebt. Ähnlich klingt das aufmunternde gurrende Zwitschern der Katzenmutter, wenn sie ihre Jungen ruft. Bei der Paarung, wenn sich die Kätzin in der Hohlkreuzstellung präsentiert, gibt der Kater zarte Gurrlaute bei geschlossenem Maul von sich. Die beiden zuletzt beschriebenen Laute fordern zur Kontaktaufnahme auf. Dies lässt die Annahme zu, dass wahrscheinlich auch das Gurren zur Begrüßung eine ähnliche Bedeutung hat. Ein leises Murmeln, die kürzere

Katzensprache

Studien haben gezeigt, dass Katzen ein Vokabular besitzen, das mit bestimmten Bedeutungen verknüpft sein kann. Wissenschaftler fanden charakteristische phonetische Muster für Paarungs- und Kampflaute, Schnurren, Fauchen sowie fordernde, bettelnde und jammernde Laute heraus.

Verhalten

Botschaften

1944 unterschied Mildred Moelk bei erwachsenen Katzen 16 Laute, die alle eine spezifische Bedeutung hatten. Desmond Morris ging jedoch davon aus, dass Katzenlaute in sechs Botschaften zusammengefasst werden könnten: „Ich bin wütend", „ich habe Angst", „ich habe Kummer", „ich will mehr Aufmerksamkeit", „komm mit" und „ich bin friedlich". Doch es gibt viele Abstufungen dieser Bedeutungen, je nachdem wie und wo diese Laute geäußert werden.

Zwei sich gegenüberstehende Kater drohen sich mit Katergeheul an, ihre Art des Säbelrasselns. Schreie, Geheul und das Knurren bei einem Kampf sind unmissverständlich. Bei aggressiven und defensiven Lautäußerungen wird die Kehle angespannt, so dass die härteren Varianten von Knurren, Jaulen und Fauchen gebildet werden. Der gellende Schrei als Reaktion auf einen plötzlichen Schmerz fällt auch in diese Kategorie, ist aber nicht dasselbe wie das tiefe, leidvolle Jammern. Der Ruf der rolligen Kätzin und ihr Paarungsschrei setzen sich aus Vokalen gespannter Intensität zusammen.

Brüllen

Ein Unterscheidungsmerkmal zwischen Groß- und Kleinkatzen ist, dass die großen brüllen und die kleinen schreien. Bisher führte man das auf das Zungenbein zurück, das bei Kleinkatzen vollständig verknöchert, bei Großkatzen hingegen knorpelig und flexibel ist. Diese Theorie wurde vor kurzem in Frage gestellt, als man herausfand, dass Großkatzen ein elastisches Gewebe besitzen, das mit dem oberen Teil der Stimmbänder verbunden ist und bei Kleinkatzen fehlt. Dieses ermöglicht ihnen, Brülllaute zu erzeugen.

„Sprechen" mit Menschen

Erwachsene Katzen können durch den Umgang mit Menschen ihre Laute erstaunlich verändern. Sie nehmen unsere Art zu sprechen wahr und werden „gesprächiger". Frauen sprechen meist mehr mit ihren Katzen, so dass diese auch stärker reagieren. Katzen, die von einem ihrer Ausflüge nach Hause kommen, begrüßen ihren Menschen lauter als Wohnungskatzen. Die Lautäußerungen hören meist auf, wenn der Kontakt durch Köpfchen geben hergestellt wird. Katzen wie die „sprechfreudige" Siam rufen schon vorher langsame und regelmäßige Laute, wenn sie nach Hause kommen.

verwandte Themen ...   30   31   51   53   55

55 Stummes Miauen

Der Titel „Das stille Miau" des beliebten Buches von Paul Gallico entstand durch die Beobachtung, dass es Katzen gibt, die praktisch stumm durchs Leben gehen. Sie blicken ihren Besitzer wehmütig an und bilden mit ihrem Maul ein stummes „Miau". Doch ihre Kommunikationsfähigkeit ist dadurch keineswegs eingeschränkt.

Verhalten

Fehlende Lautbildung

Es ist nicht so, dass stumm miauende Katzen unfähig zur Tonerzeugung sind, sondern sie zeigen nur die Verhaltensweisen des Miauens, ohne den Ton zu bilden. Auch sonst sehr mitteilsame Katzen miauen gelegentlich stumm. Es ist dies die abgeschwächte Form der so genannten „bettelnden Aufforderung", die wiederum der abgeschwächte „Aufforderungslaut" ist.

Man kann seine Katze dazu bringen, diesen „Aufforderungslaut" immer wieder zu wiederholen, indem man die Katze anschaut und ihren Laut imitiert. Für die Katze muss jedoch eine Motivation dafür bestehen, zum Beispiel Distanz: Sie sitzt vor der Haustür, schaut nach oben und erkennt Sie im Fenster. Wenn Sie nun ihr stummes oder vokalisiertes Miauen nachahmen, dann wird sie mit der abgeschwächten Form ihres „Aufforderungslautes" weitermachen.

Die Stimme finden

Meine Kätzin Mr. Jeremy Fisher, die 25 Jahre alt wurde, war solch eine stumme Katze. Viele Jahre lang verhielt sie sich völlig normal, doch wenn sie ihr Maul zum Miauen öffnete, war kein Laut zu hören. Sie begleitete mich gelegentlich auch auf langen Autofahrten. Als ich eines Tages ziemlich flott durch das Zentrum von London fuhr und sie aus dem Fenster heraus das Verkehrschaos sah, fand sie plötzlich ihre Stimme wieder – und verlor sie nie wieder! Von da an benutzte sie ihre Stimme, als hätte sie es nie anders getan.

Unter den Rassekatzen wird die Russisch Blau von vielen Züchtern und Preisrichtern als „stillste" Katze angesehen. Wenn sie doch einmal einen Laut äußert, dann sehr leise. Dies passt zu der Beobachtung, dass Russisch-Blau-Katzen eher scheu, zurückhaltend und nicht sehr mitteilsam sind.

56 Schnurren

Eine Katzenmutter mit ihren säugenden, schnurrenden Jungen ist wohl der Inbegriff der Harmonie. Katzen schnurren, wenn sie sich wohl fühlen, einen Artgenossen begrüßen oder sich wälzen. Junge Katzen schnurren, um älteren eine Reaktion zu entlocken und erwachsene Katzen, um jungen Sicherheit zu vermitteln. Kätzinnen schnurren bei der Paarung.

Warum schnurren Katzen?

Katzen schnurren in verschiedenen Situationen, die mit der Kontaktaufnahme und der Vermittlung von Sicherheit zu tun haben. Trotzdem hat das Schnurren seinen Ursprung als Verständigungslaut zwischen Mutter und Jungen beim Säugen. Kätzchen säugen über eine längere Zeit und dabei können sie schnurren, ohne das Maul von der Zitze zu nehmen. Wenn die Mutter oder die Wurfgeschwister schnurren, hat das eine beruhigende Wirkung und hält alle im Nest zusammen. Durch das Schnurren halten die Jungen auch Kontakt untereinander, wenn die Mutter auf der Jagd ist. Sie schnurren so leise, dass kein Raubtier das Geräusch wahrnehmen kann.

Das Schnurren ist nötig, weil das Weibchen die Jungen ohne Hilfe eines sozialen Systems aufzieht. Außerdem geben schnurrende Katzen praktisch ein Lebenszeichen von sich: „Hier bin ich, hier bin ich". Genau das soll auch Ihnen mitgeteilt werden, wenn Sie auf dem Bett sitzen und Ihre bis dahin unentdeckte Katze unter der Bettdecke zu schnurren beginnt.

Nur wenige Säugetiere geben beim Säugen Geräusche von sich. Doch die Angehörigen der gesamte Katzenfamilie mit ihren nächsten Verwandten, wie Zibet- und Ginsterkatzen, Mungos und Hyänen, schnurren beim Säugen der Jungen auf die eine oder andere Weise. Tiger produzieren nur beim Ausatmen ähnliche Geräusche. Der Gepard erzeugt dagegen ein echtes Schnurren, obwohl er sich anatomisch von den Kleinkatzen unterscheidet. Großkatzen besitzen im Gegensatz zu Kleinkatzen einen flexibleres Zungenbein und ein elastisches Gewebe in der Kehle. Sie können daher brüllen, aber nicht wie Kleinkatzen schnurren.

Fakten über das Schnurren

Eine Hauskatze schnurrt im Bereich von 23–31 Hz, durchschnittlich also 26,3 Hz (Schwingungen pro Sekunde). Dies ändert sich das ganze Leben über nicht. Das Schnurren wird lauter, wenn die Katze ihr Maul öffnet, liegt normalerweise jedoch im Abstand von 3 cm zum Maul bei etwa 84 dB. Es ist leiser und tiefer als die meisten anderen von Katzen erzeugten Laute.

verwandte Themen ...	34	53	54	55	57

Bevor sich die Katze auf dem Schoß ihres Menschen zu einem Schläfchen niederlässt, beginnt sie auf seiner Brust oder seinen Knien mit dem Treteln, einem rhythmischen Öffnen und Schlie-ßen der Vorderpfoten, oft von Schnurren begleitet. Dieses Verhalten kann für jemanden, der es noch nie erlebt hat, sehr lustig aussehen.

Verhalten

Ein Überbleibsel aus der Kindheit?

Ab der dritten Woche bis zur Entwöhnung verbringen die Kätzchen viel Zeit damit, an den Zitzen der Mutter zu treteln und zu schnurren. Diese Bewegung regt den Milch-fluss an. Unsere Größe und Wärme schei-nen bei Katzen dieses kindliche Verhalten hervorzurufen.

Doch auch Kätzinnen vor der Rollig-keit treteln und schnurren. Wenn man tes-ten will, ob eine Kätzin bald in die Brunst kommt, streicht man ihr den Rücken ent-lang in Richtung Schwanz. Ist sie soweit, dann wird sie den Körper anheben und die Hohlkreuzstellung einnehmen. Macht man das Gleiche bei einer auf dem Schoß tretelnden Katze, wird sie ähnlich reagie-ren.

In der Vorbrunst ist die Kätzin sehr freundlich und reibt ihren Kopf oder Hals an uns. Das Verhalten, das Katzen uns Men-schen gegenüber zeigen, kann daher ei-nerseits als kindlich, andererseits als sexu-ell, auf jeden Fall aber als liebevoll angese-hen werden.

verwandte Themen ...   30   31   34   49   56   96

58 Auge in Auge

Katzen haben große, ausdrucksvolle Augen, die sie mit viel Wirkung in ihrer Beziehung zu Artgenossen und anderen Tieren einsetzen. Das Blinzeln und das Starren sind dabei zwei ihrer wichtigsten Ausdrucksmöglichkeiten. Sie schließen einander aus und haben gegensätzliche Bedeutungen.

Blinzeln

Langsames Blinzeln ist ein wirksames Signal zur Vermittlung von Sicherheit, wenn eine Katze in sphinxähnlicher Haltung sitzt oder liegt. Ich habe das Blinzeln eingesetzt, um wild lebende und Hauskatzen, ja sogar Tiger zu beruhigen. Katzen sind wahre Meister im Übermitteln verborgener Signale. Sich ihnen direkt zu nähern, würde sie nervös machen. Es ist wichtig, ihnen Zeichen zu geben, aus denen sie lesen können, dass sie nicht bedroht sind. Man darf ihnen auf keinen Fall zu nahe treten. Dazu dient das langsame, betonte Blinzeln mit leicht gesenktem Blick.

Starren

Das Filmen von Katzen hat mich gelehrt, wie bedrohlich und beunruhigend sie ständiges Starren empfinden. Sie selbst setzen es ein, um genau diesen Effekt zu erzielen. Will eine Katze eine andere einschüchtern, dann tut sie das mit schlitzförmigen Pupillen, drohender Ohrstellung und permanentem Starren. Gelegentlich schauen sich Katzen direkt in die Augen, etwa bei wiederholten Paarungen, doch dann ist ihr Blick nicht drohend.

Auch Katzen, die einen Artgenossen vom Überschreiten der Reviergrenzen abhalten wollen, nutzen dazu das Starren. Man sieht es häufig bei den Katzen in unseren Gärten, vor allem in Stadtgebieten mit hoher Populationsdichte. Wie eine Sphinx sitzen sie stundenlang mit eingeschlagenen Vorderpfoten an derselben Stelle und starren auf eine andere Katze, die sich innerhalb ihres Reviers bewegt. Meist sind es Kätzinnen benachbarter Reviere, die sich gegenseitig Tag für Tag anstarren. Wir sollten uns im Umgang mit Katzen stets daran erinnern, wie einschüchternd und bedrohlich ein starrer Blick auf sie wirkt und immer wieder wegschauen.

Verhalten

verwandte Themen ...   4   43   44   47   50   52

Katzen halten

Domestizierung

Als Vorfahr unserer Hauskatze gilt die Falbkatze (*Felis silvestris lybica*) aus Nordafrika, eine Unterart der Wildkatze. Ihr Verbreitungsgebiet überschnitt sich in Ägypten am Nil mit dem der Rohrkatze (*Felis chaus*). Es ist zwar durchaus möglich, dass Katzen auch anderswo domestiziert worden sind, doch die einzigen Beweise stammen aus Ägypten, wo sie in Tempeln gehalten wurden.

und der Kraft des Löwen. Die Pyramiden von Gizeh werden von einer Sphinx mit Löwenkörper bewacht, die nach Osten blickt, den ersten Sonnenstrahlen entgegen. Die Erbauer dieser Pyramiden, die Pharaonen Cheops und Chephren, ließen vor rund 4500 Jahren auch den Tempel der Katzengöttin Bastet in Bubastis im Nildelta erbauen.

Herodot, der den Bastet-Tempel im 5. Jh. v. Chr. besuchte, berichtete, dass es der wichtigste Versammlungsort eines Gottes war. Über 700 000 Menschen pilgerten dorthin. Zu dieser Zeit war die Katzengöttin die wichtigste Gottheit, die die weibliche Fruchtbarkeit verkörperte – wie die griechische Artemis oder die römische Diana. Millionen Katzen wurden in Bubastis und anderen Kultzentren mumifiziert und begraben. Nach Herodot waren die Feierlichkeiten zu Ehren der Katze mit „zahllosen Opfern" verbunden. Tatsächlich stellte sich bei Röntgenaufnahmen heraus, dass vielen Katzen das Genick gebrochen worden war. Starb jedoch eine Katze eines natürlichen Todes, dann rasierten sich die Besitzer die Augenbrauen ab und trugen sie nach Bubastis, wo sie einbalsamiert und begraben wurde.

Katzen als Götter

Ich war wohl der Erste, der die Rohrkatze auf einem der ältesten Katzengemälde Ägyptens identifizierte, und zwar im Grabmal Khnumhoteps in der Nähe des Tempels von Pakhet, einer Katzengöttin aus Zentralägypten. Es ist unwahrscheinlich, dass der Künstler dieses scheue Tier hätte porträtieren können, ohne es in Gefangenschaft gesehen zu haben. Außerdem fand ich hier Knochen der Rohrkatze, so dass sie wohl zusammen mit der Falbkatze (Seite gegenüber, unten) gehalten wurde.

Die Hauskatze besaß von Geburt an den Status einer Gottheit. Nicht nur weil man die Katze mit dem Jenseits in Verbindung brachte, sondern auch weil man sie als „kleineren Vetter" der Großkatzen anerkannte. Im alten Ägypten sah man eine Verbindung zwischen der Wärme der Sonne

Haustier der Neuzeit

Im Blick einer Katze kann sich sowohl Zufriedenheit und Vertrauen als auch ein Hauch von Wildheit widerspiegeln. Als Jäger sind alle Mitglieder der Katzenfamilie unübertroffen. Auch unsere Hauskatzen besitzen noch viele Merkmale ihrer wilden Vorfahren. Dies macht sie zu den geheimnisvollsten Tieren überhaupt. Echte Katzenfreunde schätzen ihre Unabhängigkeit.

Es ist faszinierend, dass die dem Menschen vertrautesten Haustiere – Hund und Katze – beide Fleischfresser und Jäger sind. Während jedoch der Hund das am frühesten domestizierte Tier war, gehörte die Katze zu den letzten. Dies ist kein Zufall, sondern die Folge ihrer und unserer Lebensweise. Da auch die Menschen in Gruppen jagten, überschnitten sich ihre Aktivitäten mit denen der Wolfsrudel. Die Wölfe wiederum suchten die Lager der Menschen auf, um nach Fressbarem zu stöbern.

Für die Domestizierung der Katze waren Jahrtausende während Veränderungen in Lebensweise und Umgebung nötig. Die Entwicklung der Landwirtschaft und die folgende Besiedelung und Urbanisation produzierten Müll, der ganze Populationen der ansonsten allein jagenden Katzen versorgte. Wenn wir frei lebende Katzen beim Durchstöbern von Müll beobachten, dann ist es wie eine Rückschau auf die Ereignisse, die die Katze in unser Leben brachten. Die Wandlung der Katze zum Haustier war eine perfekt funktionierende Überlebenstaktik. Während Katzen ursprünglich nur im Mittleren Osten verbreitet waren, findet man sie heute weltweit in großer Zahl.

Sowohl Hund als auch Katze standen in ihrer ganzen Geschichte in einem Arbeitsverhältnis zu uns Menschen. Der Status, den die meisten Katzen heute als reine Streicheltiere einnehmen, ist recht neu. Diese Bedeutung soll keinesfalls unterschätzt werden, da die Zahlen aller anderer Katzenarten durch Umweltzerstörung und Konflikte mit dem Menschen zurückgehen. Der dramatische Rückgang der Wildkatzen fiel genau in die Zeit, als die Hauskatze den Status eines Streicheltieres erhielt. Seit Mitte des 19. Jahrhunderts explodiert die Weltbevölkerung und die Umweltzerstörung schreitet voran. Der Wohlstand der Menschen bedeutete für frei lebende und Hauskatzen Nahrung im Überfluss.

59 Warum halten wir uns Katzen?

Im Laufe der 3500-jährigen Beziehung zu uns Menschen wurden Katzen meist zur Bekämpfung von Nagern benutzt. Erst ab 1871, als in London eine Katzenausstellung stattfand, begannen weite Teile der Bevölkerung sie als Streicheltiere zu akzeptieren. Umso bemerkenswerter ist daher ihr spektakulärer Aufstieg zum beliebtesten Haustier weltweit.

Gefährten

Wenn wir unserer Katze wie einem vertrauten Freund unsere Geheimnisse anvertrauen, dann wiederholt sich dieser Vorgang auf der ganzen Welt. Vor ein paar Generationen wäre eine solche Zuwendung Katzen gegenüber undenkbar gewesen. Wir Menschen haben uns sehr verändert, bis wir der Katze ein Heim boten, doch auch für sie war es ein großer Sprung vom Einzeljäger zum Streicheltier.

Wir verhalten uns der Katze gegenüber also oft, als wäre sie ein Mensch, und sie betrachtet uns ebenso als ihresgleichen. Sowohl Hunde als auch Katzen eignen sich schon von ihrer Größe her als Gefährten, doch gibt es Unterschiede in ihrer Beziehung zum Menschen. Aufgrund seiner wölfischen Vorfahren besitzt der Hund eine

ausgeprägte Rangordnung. Er fühlt sich bei seinem Herrn sicher und akzeptiert ihn als dominanten Partner. Daher ist die „Zuneigung" eines Hundes eher als Besänftigungsverhalten zu verstehen.

Katzen kennen keine entsprechende Rangordnung in der Gruppe und brauchen daher auch keine Besänftigungsgesten, so dass unser Verhältnis zu ihnen eher gleichberechtigt ist. Oft verwischen sich jedoch die Rollen in unserer Beziehung zu Katzen, weil sie sich uns gegenüber bisweilen wie erwachsene, dann wie junge Katzen verhalten, manchmal sogar als ob wir ihre Sexualpartner wären!

Auf der Straße

Wenn man in England durch die Straßen geht, sieht man praktisch vor jeder zweiten

Tür eine Katze in der Sonne sitzen. In den vergangenen Jahren stieg die Anzahl der Katzenhalter in Nordamerika und ganz Europa massiv an. In den frühen 1980er Jahren gab es in England 5 Millionen Hauskatzen. 1993 waren es bereits 7,1 Millionen, die den Hund von seinem ersten Platz verdrängten. In den USA fand dies schon 1987 statt, als die Zahl der Katzen 56,2 Millionen betrug. Dieser 30-prozentige Anstieg ist weitgehend auf unsere veränderte Lebensweise zurückzuführen. Berufstätige Paare fühlen sich durch die regelmäßigen Spaziergänge mit einem Hund zu sehr eingeschränkt. Hunde eignen sich weniger für das Leben in der Stadt. Junge Paare, die sich erst spät für ein Kind entscheiden, halten stattdessen lieber eine Katze. Viele Berufstätige besitzen noch eine zweite Katze, damit die erste „Gesellschaft" hat.

Im Jahr 2000 erreichte die Zahl der Katzen in England mit 8 Millionen ihren Höhepunkt, 2002 waren es noch 7, 7 Millionen. Die Zahl der Hunde war inzwischen auf 6,1 Millionen gesunken. In Deutschland leben über 6 Millionen Katzen in den Haushalten.

60 Warum Katzen Menschen mögen

Obwohl Katzen keine Rudeltiere sind, reagieren sie aufeinander. Mitglieder frei lebender Katzengruppen und aus Haushalten mit mehreren Katzen begrüßen sich meist mit Kopfreiben und liegen auch nah beieinander, doch ein wirklich liebevolles Verhältnis besteht meistens nur zwischen Katze und Mensch.

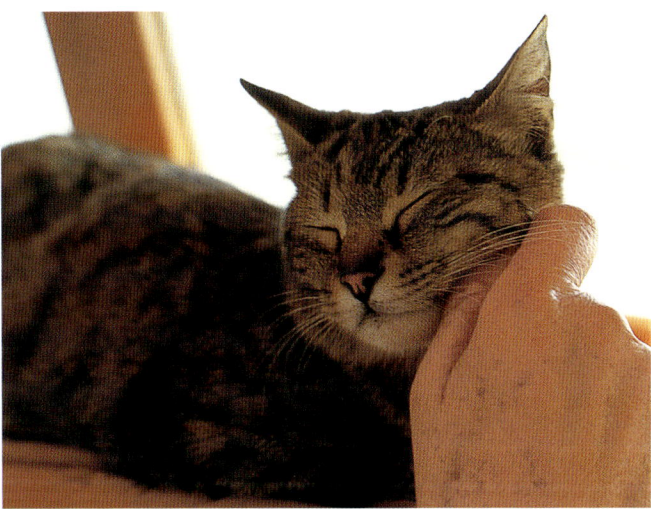

Wir sind die Mutter

Warum ist dies zwischen Katze und Mensch und nicht bei Katzen untereinander der Fall, wenn wir doch verschiedenen Arten angehören? Paul Leyhausen behauptet, dass wir für die Katze ähnlich genug sind, um in ihr „kindliches" Verhalten hervorzurufen, aber nicht so ähnlich, um Aggressionen zu erwecken. Wir sind sicher das Ziel für kindliche Verhaltensweisen – vom Schnurren bis zum Spielen. Dies hängt teilweise mit unserer stattlichen Größe zusammen, die in etwa der Relation zwischen erwachsener und junger Katze entspricht. Wenn die Katze auf unserem Schoß sitzt, dann erhält sie genauso viel Wärme und Nähe wie von ihrer Mutter. Unsere streichelnden Hände lassen sich mit der Zunge der Katzenmutter vergleichen, die ihre Jungen wäscht. Wenn wir unsere Katze auf den Arm nehmen und mit uns umhertragen, erinnert sie dies an das Verhalten der Katzenmutter. Genauso spielen wir die Rolle des Jägers, indem wir für unsere Katze Nahrung besorgen.

Frühe Konditionierung

Katzen, die sich bei ihrem Menschen nicht wohl fühlen, suchen keinen Kontakt zu ihm. So nehmen manche frei lebenden Katzen zu einer fütternden Person Kontakt auf, während andere distanziert bleiben. Es ist nicht überraschend, dass frei lebende Katzengruppen eigene Mitglieder eher akzeptieren als Außenseiter – für unsere Hauskatzen gehören wir zur gleichen Gruppe wie sie.

Werden Kätzchen früh an Menschen gewöhnt, dann sind sie im Umgang mit ihnen viel entspannter. Außerdem hat die Domestizierung das „kindliche" Verhalten unserer Katzen gefördert, so dass sie umgänglicher sind und mehr Vertrauen gegenüber Menschen zeigen.

Freundliche Kommunikation

Treffen zwei Katzen aufeinander, beschnuppern sie sich oft kurz Nase an Nase. Danach reiben sie die Köpfe aneinander und gehen Seite an Seite ein Stück gemeinsam weiter. Bei fremden Katzen verläuft die Begegnung eher vorsichtig. Wenn eine Katze ihren Menschen begrüßt, schnuppert sie zuerst an den Fingern und reibt sich dann an den Händen. Weil wir mit den Ohren keine Botschaften senden können, reagieren wir mit Streicheln. Wahrscheinlich ist unser Erfolg beim Umgang mit Katzen wenigstens zum Teil darauf zurückzuführen, dass wir mit unseren Ohren keine Aggressivität ausdrücken können. Wir berühren die Katze liebevoll und das genügt, um ihre Zuwendung zu erlangen.

verwandte Themen ...   37   40   41   50   67   77   79

61 Mischling oder Rassekatze?

Sucht man eine Katze mit stabilem Charakter, guter Gesundheit und geringen Verhaltensstörungen, dann ist man statistisch betrachtet mit einem Mischling besser bedient. Rassekatzen machen nur 7 % der Katzenpopulation in England, Europa und den USA aus, doch stellen sie die Hälfte aller Problemkatzen, die einen Tierverhaltenstherapeuten aufsuchen müssen.

Katzen halten

Mittelmeerraum, Süd- und Südostasien hat das warme Klima dafür gesorgt, dass ihr Äußeres eher an ihre ägyptische Herkunft erinnert. Aus Angst vor Hexerei wurden die britischen und europäischen Katzen einige hundert Jahre lang in Ruhe gelassen, so dass sie eine leicht zu identifizierende Form entwickeln konnten.

Besitzer oder Katze?

Der hohe Anteil von Verhaltensproblemen bei Rassekatzen ist eventuell auf eine schmalere genetische Grundlage zurückzuführen. Ihre Besitzer suchen auch öfter professionellen Rat als die Halter einer Mischlingskatze. Zudem scheinen die meisten Probleme aufzutreten, wenn man Katzen in der Wohnung mit zu vielen Artgenossen zusammen hält und das ist bei Rassekatzen häufiger der Fall.

Was sind Mischlingskatzen?

Ein Mischling ist eine Hauskatze, eine Straßenkatze, eine Feld-, Wald- und Wiesenkatze. Die meisten englischen Katzen sind Mischlinge, Vorfahren der Britisch Kurzhaar, und sind in ganz Amerika, Europa, Asien, Australien und Neuseeland verbreitet. In den meisten Ländern sind die Katzen von stämmigem Körperbau. Im

Charakter

Jeder Katzenbesitzer wird Ihnen bestätigen, dass seine Katze ihren eigenen Charakter besitzt. Dies gilt sowohl für Mischlings- als auch Rassekatzen, obwohl Mitglieder bestimmter Rassen einige gemeinsame Merkmale aufweisen (siehe rechte Seite). Jeder, der im Lauf der Jahre mehrere Katzen gehalten hat, wird sich an ihre individuellen Charaktere erinnern. Verhaltensforscher verwenden jedoch selten Begriffe wie „Charakter" und „Freund", obwohl zur Beschreibung negativer Merkmale durchaus menschliches Vokabular herhalten muss. Ob man es nun Stil, Persönlichkeit oder Charakter nennt: Jeder Halter weiß, dass solche Unterschiede bei Katzen zu beobachten sind. Von meinen eigenen Katzen bezeichnete ich meinen Kater Leroy als „Mr. Cool" und „Jäger aus Leidenschaft". Meine Kätzin Tabitha hingegen war eher „nervös". Dagegen war meine frühere Hauskatze, Mr. Jeremy Fisher, die fast 25 Jahre alt wurde, immer eine „Lady". Für mich bringen solche Bezeichnungen die individuelle Persönlichkeit einer Katze zum Ausdruck.

Rassemerkmale

Wenn man Kätzchen früh an Menschen gewöhnt, dann verhalten sie sich auch als erwachsene Katzen entsprechend. Man sollte also beim Verallgemeinern von rassespezifischem Verhalten vorsichtig sein. Trotz allem gibt es bei Rassekatzen einige typische Verhaltensweisen. Mehr Informationen darüber finden Sie auf den Seiten 96 bis 99.

Katzen halten

Perser oder Siam?

Die größten Unterschiede bezüglich Temperament und Verhalten bestehen zwischen den historischen Rassegruppen. So ist die langhaarige Perserkatze lethargischer als die extrovertierten Kurzhaarkatzen Südostasiens, zu denen die Siamkatze gehört. Die traditionelle Form der Siam (unten) ist jedoch nicht annähernd so lebhaft wie die moderne, schlankere Variante. Aus ähnlichen Gründen ist die moderne Form der Perserkatze mit ihrem übertrieben flachen Gesicht und dem extrem dichten Haar nicht sonderlich aktiv.

Der Hauptgrund für die großen Verhaltensunterschiede liegt darin, dass diese Katzen jahrhundertelang getrennt voneinander existierten, so dass jede dieser beiden Hauptgruppen genetische Abweichungen von den gemeinsamen Vorfahren zeigt.

Die Katzen Südostasiens stammen wahrscheinlich von Tieren ab, die von Händlern aus dem Mittelmeerraum ins Land gebracht worden waren. Die große Verbreitung des „Knickschwanz-Gens" dieser Katzen untermauert diese Annahme. Die Perser ist dagegen eine relativ „moderne" Katze. Frühere angoraähnliche Katzen aus dem östlichen Mittelmeerraum bis zum Kaspischen Meer wurden im 18. Jahrhundert in Frankreich, im 19. Jahrhundert dann in England gekreuzt, um eine langhaarige Variante zu erhalten.

Weitere Merkmale

Eine Umfrage unter amerikanischen Ausstellungsrichtern und britischen Tierärzten bestätigte die weit verbreitete Meinung, es gebe deutliche Verhaltensunterschiede bei Rassekatzen. Gemeinhin gelten Siam, Birma und Orientalisch Kurzhaar als sehr aktiv, extrovertiert, nervös, verspielt, anspruchsvoll, lautstark und destruktiv. Die Siamkatze fordert lautstark Zuwendung und wird daher oft als sprechende Katze bezeichnet. Perser sind eher reserviert. Obwohl sie sich zwar auch gemütlich hinsetzen, ist ihnen unser Schoß mit ihrem dichten Fell einfach zu warm.

Colorpoint-Langhaar-Katzen liegen in ihrem Verhalten zwischen Perser und Siam. Ihr dichtes Fell macht sie aber als Schoßkatze ebenso ungeeignet wie die Perser. Verhaltensunterschiede sind nicht nur auf die Haarlänge zurückzuführen, denn der Charakter der Britisch, Europäisch und Amerikanisch Kurzhaarkatzen entspricht nicht dem der Siam-Burma-Gruppe. Durch ihren Körperbau sind die nördlichen Langhaarkatzen wie Maine Coon, Norwegische Waldkatze, die verspielte, echte Türkisch Van und die Angora viel energiegeladener als die Perser, trotz ähnlichem Körperbau.

verwandte Themen ...   37   59   60   61

Übersicht über die Rassekatzen

Was ist eine Katzenrasse? Die einfachste Antwort: Sie ist von einem eingetragenen Zuchtverband als Typ anerkannt. Für Biologen reicht dieses Kriterium jedoch nicht aus. Historische Rassen haben sich durch geografische und damit genetische Trennung ausgebildet. Obwohl der Mensch nachhalf, spielte die natürliche Auslese die größte Rolle. Diese frühen Katzenrassen entwickelten sich lange vor der heutigen Katzenvielfalt.

Britisch, Europäisch und Amerikanisch Kurzhaar

Die Britisch Kurzhaar sollte eigentlich die normale Hauskatze (siehe S. 94–95) sein, doch ging die Zucht im Zweiten Weltkrieg drastisch zurück. Nun kreuzte man die Katzen mit Schlankformrassen, was nicht sehr sinnvoll war, und dann mit Persern, um die Körperform wieder zu korrigieren. Das Ergebnis war eine andere Katze, die nichts mehr mit der ursprünglichen Linie gemeinsam hat, nicht zuletzt wegen der Schnauze der Perser. Der Verlust der ursprünglichen Hauskatze bei Ausstellungen hätte Harrison Weir (Organisator der ersten Katzenausstellung im Crystal Palace, Juni 1871) traurig gestimmt, da er sagte: „Eine erstklassige Kurzhaarkatze ist eines der vollkommensten Geschöpfe, das je erschaffen wurde."

Das Gleiche fand in Amerika statt, doch nannte man das Ergebnis dort Exotisch Kurzhaar. Die Bezeichnung Amerikanisch Kurzhaar war der angeblich ursprünglichen amerikanischen Hauskatze vorbehalten (früher kreuzte man englische mit amerikanischen Katzen).

Die Europäisch Kurzhaar besitzt den ursprünglichen Körperbau. Es können jedoch Unterschiede in den verschiedenen Zuchtlinien auftreten. Die „blauen" Katzen zeigen den Unterschied zwischen Geschichte und Realität. Kartäusermönche sollen eine auffallend blaue Katze gezüchtet und Chartreux-Katze genannt haben. Die Chartreux wurde jedoch mit Britisch Blau und Perser gekreuzt, so dass jedes Unterscheidungsmerkmal wegfiel: Heute wird sie meist nach dem gleichen Standard wie die blaue Britisch Kurzhaar beurteilt. In den 1980er Jahren begann eine Gruppe skandinavischer Züchter, die Hauskatze wieder bei Ausstellungen einzuführen, worauf die Fédération Internationale Feline (FiFe) die Europäisch Kurzhaar anerkannte. Bei der Cat Association of Britain werden Hauskatzen in der Klasse für Europäisch Kurzhaar ausgestellt, denn die Vereinigung ist Mitglied der FiFe.

Orientalisch Kurzhaar

Die ostasiatischen Katzen unterscheiden sich von ihren europäischen Vorfahren. Bei den Straßenkatzen Ostasiens ist der Knickschwanz eine der auffälligsten genetischen Veränderungen, der bei zwei von drei Katzen auftritt. Vermutlich haben arabische und indische Seefahrer vor vielen Jahrhunderten einige Katzen mit Schwanzmissbildungen auf die malaiische Halbinsel gebracht, und deren Gene sind heute noch bei vielen Katzen zu finden (der extreme kaninchenartige Stummelschwanz ist das Kennzeichen der Japanese Bobtail).

Die Katzen waren vermutlich wie die heute in Asien verbreiteten recht schlank. In Thailand (Siam) wurden vor Jahrhunderten auf königliche Veranlassung hin „Cat Book Poems" verfasst, in denen die Siam, die Korat und die Copper bereits erwähnt wurden. Das beweist das Alter dieser Rassen.

Siamkatze. Die Siam war die Begleiterin der siamesischen Könige und wurde im 19. Jahrhundert bei Besuchen hochrangiger Würdenträger als Geschenk überreicht. Bei der ersten Katzenausstellung 1871 stellte ihr bemerkenswertes Äußeres eine echte Sensation dar und trug zum Erfolg der Show bei. Anfangs wurde die Siam nur als dunkle Sealpoint in den Westen exportiert. Allmählich jedoch erzeugte das verborgene Erbe von rezessiven Genen die klassischen Farben „blue", „chocolate" und „lilac". Unter den thailändischen Tempelkatzen gibt es noch andere Farben, die durch natürliche Kreuzung entstanden sind. Westliche Züchter kreuzten das Erbe der Siam auch in langhaarige Rassen ein und die Maskenzeichnung wurde neben den verschiedenen Tigerzeichnungen zu einem der wichtigsten Bestimmungsmerkmale.

Siam

Burmakatze. Anfangs glaubte man, die Burma sei die Erfindung eines Züchters, da sie auftauchte, nachdem ein US-Marinepsychiater im Jahr 1930 eine braune Katze namens Wong Mau von Rangoon mitbrachte.

Wong Mau wies eine leichte Dunkelfärbung der Haarspitzen auf. Man kreuzte die Katze mit einer Siam und die Jungen wurden wieder mit Wong Mau gepaart. Der Nachwuchs bestand aus Siam, aus braunen Katzen (Tonkanese) und einer dunklen „chocolate", genannt Burma. Doch die Geschichte der braunen Katzen ist lang. In den „Cat Book Poems" wurden sie als Thong Daeng oder Coppers bezeichnet. In Thailand stieß ich sowohl auf frei lebende Copper- als auch Burmakatzen. Westliche Züchter von Tonkanesen (wiedererstandene Copper) waren begeistert, dass diese Rasse auch heute noch existiert. Leider wurde die Burma in England mit leichterem Körperbau gezüchtet. In den USA behielt sie ihre ursprüngliche Form bei.

Burma

Abessinier. Sie ist eine getigerte Katze, obwohl die Streifen kaum ausgeprägt sind. Doch selbst in der Zuchtform sind typische Muster auf Stirn, Gesicht und Schwanz sichtbar. Die Züchter haben sich bemüht, diese Muster zu reduzieren. Auf der Straße lebende Tiere weisen ein viel markanteres Gesichts- und Stirnmuster auf. Die Showform der Abessinier mit ihrem schönen „cinnamon-agouti" (zimtfarben getigerten) Fell zeigt die gleiche natürliche Schattie-

Abessinier

rung wie die Rohrkatze. Junge Abessinier gehören daher zu den hübschesten Kätzchen. Liebhaber dieser Rasse behaupten, es hätte sie bereits zur Zeit der alten Ägypter gegeben. Wohl gibt es ägyptische Statuen, die wildfarbene Katzen darstellen, doch könnte es sich auch um Rohrkatzen handeln.

Korat und Russisch Blau. Die blauen Katzen aus der Provinz Korat im Osten Thailands gehören zu den Perlen der Katzenwelt. Als ursprüngliche Bauernkatzen sind diese freundlichen, lebhaften Tiere in Thailand heute noch sehr beliebt. Die Korat wurde zwar Ende des 19. Jahrhunderts in England ausgestellt, wurde jedoch nicht beachtet, weil die Russisch Blau bereits etabliert war. Die Russisch Blau soll von Seeleuten aus Archangelsk mitgebracht worden sein. Selbst als sich die Korat 40 Jahre später in Amerika etablieren konnte und daraufhin ein zweites Mal in England vorgestellt wurde, stieß sie durch ihre Ähnlichkeit mit der Russisch Blau auf Widerstand. Als man nach dem Zweiten Weltkrieg Russisch Blau mit Siam Blue Points kreuzte, um einen orientalischeren Typ zu erhalten, war die Verwirrung perfekt. In den 1960er Jahren bemühten sich die Russisch-Blau-Züchter um die ursprüngliche Gestalt und die Korat wurde endlich akzeptiert.

Korat

Russisch Blau

Singapura. Sie ist noch nicht lange als Rasse anerkannt. In den 1970er Jahren wurde sie aus Singapur in die USA eingeführt und unter dem Namen „drain cat" (Gossenkatze; Anm. d. Übers.) bekannt, weil sie so klein ist, dass sie in einem Abflussrohr Zuflucht suchen kann. Im Guinness-Buch der Rekorde ist sie als kleinste Rassekatze der Welt aufgeführt. Erwachsene Kätzinnen wiegen nur etwa 1,8 kg, die Kater ein paar Pfund mehr. Anfangs wurde mit nur vier Katzen gezüchtet, so dass man wegen der zu schmalen genetischen Basis Acht geben musste. In ihrem äußeren Erscheinungsbild weist die Singapura die Wildfarbe mit Bändern an den Vorderbeinen auf und ähnelt der nicht reinrassigen Abessinier-Katze, ist aber kleiner. Die Katzen sind freundlich und ruhig, können aber auch verspielt und aufgeweckt sein.

Singapura

Bengalkatze. Die als neue Rasse 1983 anerkannte Bengalkatze entstand in den 1970er Jahren aus einer Kreuzung zwischen der wilden asiatischen Leopardkatze (*Felis bengalensis*, im Deutschen ebenfalls als Bengalkatze bezeichnet) und einer Hauskatze. Ihr auffällig leopardenartig geflecktes Fell, das an das Fell ihrer wilden Vorfahren erinnert, machte die Bengalkatze schnell populär. Heute gibt es weltweit über 9000 Exemplare.

Anscheinend kann man alle kleinen Wildkatzenarten mit unseren Hauskatzen kreuzen. Es gab schon viele Versuche, doch die meisten brachten kleine Drachen hervor! Die Bengal scheint nach acht Generationen umgänglicher zu sein. Ihre „Persönlichkeit" beruht auf Neugier, ruheloser Lebhaftigkeit und Jagdleidenschaft. Ihre nicht oft benutzte Stimme klingt heiser. Um diese Hybriden

als Rasse zu etablieren, wählte man nur verlässlich freundliche Nachkommen aus. Die erste Hybridgeneration brachte noch keine geeigneten Haustiere hervor, doch mit weiteren Kreuzungen änderte sich das Verhalten der Tiere. Die ersten Hybriden zogen es noch vor, sich im fließenden Wasser zu lösen – ein Verhalten, das auch die wilde Leopardkatze zeigt. Bengalkatzen sind immer noch vom fließenden Wasser fasziniert, viel stärker als Hauskatzen.

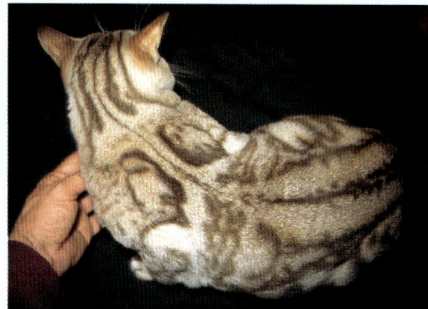

Bengalkatze

Langhaarkatzen

Ursprüngliche Perser. Meine erste Erinnerung an eine Katze meiner Kindheit bezieht sich auf die alte getigerte Perserkatze meiner Großeltern. Sie verbrachte viel Zeit, in der Sonne zu dösen. Es war eine wundervolle Katze eines Typs, wie er vor 50 Jahren beliebt war: feine, gerade, nicht verpfuschte Nase und ein Fell, das nicht gebürstet werden musste (siehe S. 95).

Angora. Langhaarkatzen mit schlankem Körperbau findet man von Istanbul bis Teheran. Die Selektion dieser genetischen Mutation wurde durch Bedingungen begünstigt, die durch strenge Winter und heiße Sommer gekennzeichnet sind. Die Anatolische Angorakatze und die Van-Katze haben ein elegantes Äußeres mit länglichem Gesicht. Weir erinnert daran, dass um das Jahr 1850 die meisten Leute Langhaarkatzen als „Französische Katzen" bezeichneten, weil sie meist aus Paris importiert wurden. Es handelte sich um Tiere, die aus dem Ottomanischen Reich nach Frankreich kamen und im 17. Jahrhundert zu den Lieblingen des französischen Königshofes wurden.

Im Jahr 1903 stellte der Ausstellungsrichter Frances Simpson fest, dass es kaum Unterschiede zwischen Angora- und Perser-Katzen gebe. Dies war die Folge wahlloser Kreuzungen unter den Langhaarkatzen. Zum Glück wird jetzt wieder mehr Bedeutung auf die Integrität der Rassen gelegt. Die echte Angorakatze erschien wieder auf einer Ausstellung in den 1950er Jahren.

Angorakatze

Moderne Perser. Die Perserkatzen meiner Erinnerung ähnelten im Körperbau noch ihren Vorfahren. Doch britische und europäische Züchter haben die Nase dieser Tiere verkürzt, um – wie sie sagen – ein ansprechenderes Gesicht zu schaffen. Für die Gegner dieser Züchtung ist es allerdings eher ein Ärgernis. Die Kritiker bringen vor, dass die Tiere durch das flache Babygesicht und das wolligere Fell, das täglich gepflegt werden muss, zu Spielzeugen degradiert würden. Doch die Freunde dieser Züchtung bleiben davon unbeeindruckt.

Moderner Perser

Silver Tabby, Smoke und Chinchilla. Langhaarkatzen gibt es in vielerlei Variationen, doch Ende des 19. Jahrhunders begann man mit der Zucht verblüffender Farbschläge. Im Jahr 1893 wurde der Smoke Perser eine eigene Klasse zugeteilt und die Chinchilla folgte 1894. Sie gingen aus Silver Tabbys (wildfarben silber) hervor und verdanken ihre Färbung einem bestimmten Gen. Bei den Silver Tabbys unterdrückt dieses Gen die gelbe Bänderung stärker als die dunklen Linien, so dass die Tigerzeichnung auf weißem Grund liegt. Die Chinchillas tragen ein bemerkenswertes Fell. Es sieht aus, als habe der Geist einer getigerten Katze die Haarspitzen berührt. Die zarte Schattierung wird durch das erwähnte Gen verursacht, das die Färbung des Haares außer in der zuerst entstandenen Spitze unterdrückt. Der Unterschied zwischen Silver Tabby und Chinchilla besteht nur im Färbungsgrad. Die

Chinchilla und Silver Tabby

Farbe Smoke entsteht ähnlich wie Chinchilla. Die Spitzen sind jedoch besser zu sehen und gleichmäßiger gefärbt. Bei den Cameo-Langhaarkatzen wird die Farbe Schwarz durch Rot ersetzt.

Colourpoint-Langhaar. Eine der größten Gruppen der Ausstellungskatzen sind die Colourpoint-Langhaar, in den USA „Himalayan" genannt. Sie verbinden die Maskenzeichnung einer Siam mit dem Körper der modernen Perser und wurden erstmals vor 50 Jahren in England und den USA gezüchtet. Um das Erscheinungsbild einer Perser aufrechtzuerhalten, werden sie meist mit Persern und nicht mit anderen Colourpoint-Langhaar gekreuzt. Da das Colourpoint-Gen rezessiv vererbt wird, werden die daraus hervorgegangenen einfarbigen Katzen mit

Colourpoints gekreuzt, so dass sowohl Colourpoint als auch einfarbige Langhaarkatzen daraus entstehen. Eigentlich handelt es sich um eine Farbklasse der Perser, nicht um eine eigenständige Rasse.

Colourpoint-Langhaar

Balinese. Die Balinesen sind eine langhaarige Mutation der Siam. Sie haben den Körper der Siam mit einem seidigen Fell. Sie sind extrovertiert und mitteilsam wie die Siamesen und besitzen das fast nicht verfilzende Fell der Angoras. Außerdem blieb die elegante Nase erhalten. In den letzten Jahren hat die Gestalt der Balinesen eine sehr grazile Form angenommen.

Balinese

Heilige Birma. Die Birma vereint die Maskenzeichnung der Siam mit dem etwas schwereren Körperbau des frühen Siam-Typs und Langhaar. Vermutlich stammen sie von den Katzen des Lao-Tsun-Tempels in Burma ab. Ein Merkmal der Rasse sind die weißen Pfoten, mit denen die erste Heilige Birma der Sage nach ihren sterbenden Gefährten, den Priester Mun-Ha, berührte.

Heilige Birma

Somalikatze. Wie Bali- und Siamkatze verhalten sich die wildfarbenen Somali- und Abessinierkatzen zueinander. Die Somali entstand wahrscheinlich als Mutation. Es wurde aber auch behauptet, ihr rezessives Langhaargen stamme aus frühen Kreuzungen mit Langhaarkatzen.

Somalikatze

Nördliche Langhaarkatzen. All diejenigen, die den älteren, unempfindlicheren Typ Langhaarkatze bevorzugen, freuen sich über das wachsende Interesse an den nördlichen Langhaarkatzen. Die aus Neu-England stammende Maine Coon ist in den USA sehr beliebt und hat auch in der Alten Welt einen enormen Popularitätszuwachs erfahren. Die ähnliche Norwegische Waldkatze ist ebenso eine robuste Landkatze.

Maine Coon. Maine Coons sind sehr auf das Wesentliche beschränkte Katzen, wie es sich für Bauernhofkatzen aus dem rauen Neu-England gehört. Sie sind die größten Rassekatzen: Ein richtiger schöner Kater braucht fast vier Jahre, bis er seine volle Statur erreicht hat, und kann dann bis zu 11 kg auf die Waage bringen! Man nennt sie auch „Gentle Giants" (freundliche Riesen), weil sie sehr umgänglich und durch ihre Größe auch entsprechend selbstbewusst sind.

Maine Coon

63 Ungünstige Zuchtformen

In den letzten Jahren ließ sich ein bedauerlicher Trend in Richtung der „Designer-Katzen" beobachten. Indem man einige dieser Tiere zu ihrem Nachteil als eigene Rasse einstufte, hat man ihre Gesundheit und ihr Wohlergehen aufs Spiel gesetzt. Und die physischen Veränderungen sind nicht ohne negative Auswirkungen auf das Verhalten der Katzen geblieben.

Trend zu Extremen

Diese Veränderungen der Katzen kamen zum Teil durch Selektion auf extreme Eigenschaften zustande, weil solche auf Ausstellungen immer mehr Punkte erzielten. So entstand die moderne Perser mit ihrem runderen, abgeflachten Gesicht und ihrer Veranlagung zu Atemwegs-, Rachen- und Augenerkrankungen. Auch der Wandel von der traditionellen Form der Siam hin zur schlankeren Gestalt brachte „überaktive" Katzen hervor.

Mutationen als Attraktion

Die moderne züchterische Praxis scheint auf radikale, durch Mutationen verursachte Veränderungen ausgerichtet zu sein. Einige davon sind umstritten, nicht zuletzt wegen ihrer Auswirkungen auf das Verhalten der Katze. Die Scottish-Fold-Katze mit ihren deformierten, heruntergeklappten Ohren muss man mit Nicht-Faltohr kreuzen, um schlimme Knorpel- und Knochendeformationen zu verhindern. Ihre Ohren zeigen ständig defensives Verhalten. Auch die kalifornische American-Curl-Katze hat angelegte Ohren und signalisiert Aggressivität. Durch die Unfähigkeit, die Ohren zu bewegen, wird der Katze ein wichtiges Kommunikationsmittel genommen.

Die kurzbeinige, amerikanische Mutation namens „Munchkin" kann weder normal springen noch klettern. Ihr fehlen die geschmeidigen Bewegungen anderer Katzen. Auch kann sie sich wegen ihrer

kurzen Beine nur eingeschränkt putzen. Auch bei der Sphinx ist das normale Verhalten einschränkt. Durch ihre Nacktheit kann sie ihre Temperatur nicht regeln. Sie darf daher in kühleren Klimazonen nicht ins Freie gelassen werden.

Die Manxkatze

Die schwanzlose Katze der Insel Man existiert schon 200 Jahre lang. Sie ist ein liebenswertes Geschöpf, doch würde heute diese Mutation auftreten, sollte sie nicht gezüchtet werden, denn reinerbige Nachkommen sterben vor der Geburt, während bei mischerbigen die Missbildung eine hohe Rate an Totgeburten mit sich bringt.

verwandte Themen ...   43   44   61   62

Ein neues Heim

Wenn eine neue Katze bei Ihnen einzieht oder Sie mit Ihrer Katze umziehen, sollten Sie daran denken, dass dies für das Tier eine stressreiche Zeit ist. Handelt es sich um eine neue Katze, sollten Sie sich die Zeit für einige Vorbereitungen nehmen. Möchten Sie mit Ihrer Katze umziehen, dürfen Sie nicht einfach davon ausgehen, dass sie den Umzug leicht akzeptiert.

Eingewöhnung

Wenn eine neue Katze ins Haus kommt oder Sie mit Ihrer Katze umziehen, verwenden Sie eine Transportbox und stellen sie bei Ihrer Ankunft in einen ruhigen Raum. Stellen Sie Futter und eine Katzentoilette bereit und geben Sie der Katze viel Zuwendung. Sobald alles wieder einigermaßen eingeräumt ist, darf die Katze mit der Erforschung des neuen Heims beginnen. Lassen Sie sie eine Woche lang nicht nach draußen.

Wenn Sie Ihrer Katze dennoch einen kurzen Ausflug ins Freie gönnen wollen, dann am besten mit Geschirr und Leine. Zuerst sollten Sie sich in der Nähe des Eingangs aufhalten, damit die Katze mit ihrem Nachhauseweg vertraut wird. Lassen Sie die Katze nicht allein nach draußen, sondern bleiben Sie bei ihr. Verlängern Sie die Ausflüge nach und nach, bis Sie glauben, dass die Katze allein zurechtkommt.

Katzen halten

Nehmen Sie Rücksicht

Ein Umzug bedeutet für uns viel Stress, weil wir die vertraute Umgebung, unsere Freunde und Erinnerungen aufgeben. Dazu kommen die Unannehmlichkeiten und die Unsicherheit, was nun auf uns zukommt. Das Gleiche gilt für unsere Katze. Zumindest kennen wir den Grund für den ganzen Aufwand, doch für die Katze ist die Situation nur verwirrend.

Vergessen Sie Ihre Katze nicht bis zum letzten Moment. Setzen Sie sie in einen ruhigen Raum, während die restliche Wohnung ausgeräumt wird. Ist die Katze schon vorher aus Angst davongelaufen, müssen Sie auf ihre Rückkehr warten. Im neuen Heim sollten Sie kein Risiko eingehen und die Katze erst ins Freie lassen, wenn sie sich sicher sind, dass sie wieder heimfindet.

verwandte Themen ...   61   62   68   69   70

65 Futterzeiten

Wir stellen für unsere Katze eine ständige Futterquelle dar. In gewissem Maße übernehmen wir also die Mutterrolle und erhalten ihren „Kätzchen-Status" aufrecht. Als zuverlässige Nahrungsquelle sind wir vergleichbar mit einer Abfalltonne oder einer Mäusekolonie, um welche herum die Katze ihren Aktionsraum aufbaut.

Der Bedarf an Eiweiß

Katzen sind reine Fleischfresser. Versuchen Sie nicht, aus Ihrer Katze einen Vegetarier zu machen, auch wenn Sie es selbst sind: Es würde sie umbringen. Katzen haben einen einzigartig hohen Eiweißbedarf, da der Stoffwechsel nur Eiweiß und Fett, keine Kohlenhydrate verwerten kann. Außerdem brauchen sie spezielle Amino- und Fettsäuren. Fertiges Katzenvollfutter ist recht ausgewogen, aber so genannte „Gourmet-Futter" nicht immer. Vergleichen Sie also die auf dem Etikett angegebenen Inhaltstoffe.

Die Zusammensetzung von Dosenfutter ähnelt dem der natürlichen Beute – etwa 75 % Wasser mit Trockengewichtsbestandteilen von 35 % Protein und 10–15 % Fett. Trockenfutter ist bequem zu füttern, es enthält aber nur 10 % Wasser. Normalerweise decken Katzen fast ihren gesamten Flüssigkeitsbedarf aus der Nahrung. Wenn sie nicht etwa 150 ml Wasser pro Tag zu sich nehmen können, wird der Urin zu konzentriert. Es können sich Harnsteine bilden, die zu einer Schädigung der Niere führen.

Wenig und oft?

Katzen erbeuten Kleintiere und fressen somit in kleinen Portionen. Wenn Sie freien Zugang zur Futterschüssel haben, fressen sie 10- bis 20-mal am Tag eine kleine Menge. Weil sie aber meist zweimal täglich gefüttert werden, schlingen sie die Nahrung schnell in sich hinein. So frisst mein Kater Leroy ein zwei Monate altes Kaninchen komplett auf, während er sich ein drei Monate altes aufteilt und die eine Hälfte noch am selben Abend, die andere Hälfte aber erst in den frühen Morgenstunden nach einem Schläfchen frisst.

Fressen und Schlafen

Oft hört man den Ausspruch: „Das Leben einer Katze besteht aus Fressen und Schlafen". Diese wichtigen Bestandteile des Katzenlebens sind eng miteinander verknüpft: Nur weil Katzen sehr eiweißreiche Nahrung zu sich nehmen, können sie sich so viel Schlaf erlauben. Dadurch wird Stress abgebaut und die Katze lebt länger als vergleichbare Tiere ihrer Größe. Für die Nieren bedeutet die eiweißreiche Ernährung jedoch Schwerstarbeit. Das Nierenversagen zählt daher zu den häufigsten Todesursachen bei Katzen.

verwandte Themen ...   17   22   24   34   60   99

66 Fellpflege

Katzen sind die gepflegtesten Tiere überhaupt. Frei lebende Katzen und viele kurzhaarige Hauskatzen werden oft in ihrem Leben niemals gekämmt und sehen trotzdem fast immer makellos aus. Sie sind in der Lage, sich selbst perfekt zu pflegen. Die langhaarigen Rassen aber brauchen eine tägliche, gründliche Fellpflege.

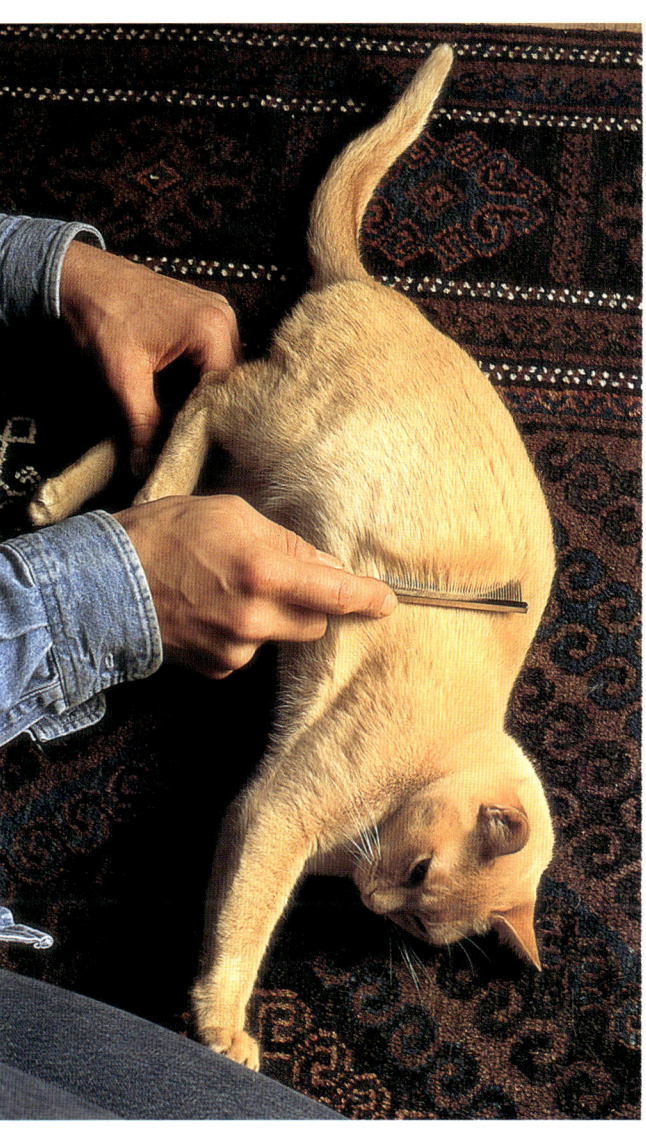

Wie oft soll man kämmen?

Bei kurzhaarigen Katzen reicht ein- bis zweimaliges Kämmen pro Woche völlig aus. Dabei können Sie Ihre Katze auf Flöhe untersuchen und lose Haare entfernen, so dass Ihre Polster nicht aussehen wie ein Bisonfell! Gekämmte Katzen schlucken auch weniger Haare, so dass sie nicht unter Haarballen leiden.

Langhaarkatzen kann man in drei Gruppen einteilen: die robusten mit ihrem dichten, schweren Fell wie Maine Coon und Norwegische Waldkatze, die mit etwas leichterem Fell wie Angoras, Balinesen und Somalikatzen und zum Schluss die Perser. Durch die Zucht wurde das Fell so verändert, dass tägliches Kämmen und Bürsten nun absolut notwendig sind, weil sich sonst Verfilzungen und Knoten bilden. In diesem Zustand bietet eine Perser einen bedrückenden Anblick. Sie kann nicht einmal richtig laufen, weil durch die Knoten die Haut angespannt ist. Dieser Katzentyp könnte in Freiheit nicht überleben.

Perser und andere Langhaarkatzen sollte man von klein auf ans Kämmen gewöhnen: Zum Glück sind die meisten Perser gutmütig und genießen die Zuwendung. Entfernen Sie Knoten mit der Hand oder einem Kamm mit breit stehenden Zinken. Bei hoffnungslos verfilztem Fell brauchen Sie die Hilfe des Tierarztes. Außerdem kön-

nen sich bei den flachgesichtigen Langhaarkatzen die Tränenkanäle nicht richtig entleeren, so dass Flüssigkeit aus den Augen das Fell verklebt. Wischen Sie sanft mit einem Wattebausch darüber, vermeiden Sie aber Augenkontakt.

Langhaarkatzen des alten Typs haben diese Probleme nicht. Die ursprüngliche Angora wechselt jedes Frühjahr das Fell, weil es in ihrer Heimat Anatolien im Winter bitterkalt und im Sommer brennend heiß ist. Jedoch kann das Fell bei Langhaarkatzen im Bereich des Afters verfilzen und bei warmem Klima von Maden der Aasfliege befallen werden. Dies lässt sich durch Fellpflege vermeiden.

verwandte Themen ...   28   37   62

In vieler Hinsicht verhalte ich mich meinen Katzen gegenüber, als ob sie Menschen wären – und damit bin ich nicht allein! Ähnlich bin ich für meine Katzen so etwas wie ein Artgenosse. Die meisten Menschen sprechen mit ihrer Katze und sie lernt unsere Worte und Aktionen zu deuten. Als Gegenleistung baut sie ihr Heimatgebiet in unserer Nähe auf.

Familie und Freunde

Laut einer Umfrage, die Peter Borchelt und Victoria Voith unter fast 900 Katzenhaltern bei deren Besuch in vier amerikanischen Tierkliniken durchgeführt haben, unterhielten sich 96 % der Besitzer mindestens einmal am Tag mit ihren Katzen. Ungefähr 65 % gaben an, dass sie sich mit ihren Katzen wie mit Menschen oder besser Kindern unterhielten. Und 99 % betrachteten ihre Katze als Familienmitglied. Von den Personen, die mit ihren Katzen sprachen, sagten hier nur 13 %, dass sie ihr Gegenüber als Tier betrachteten.

Gegenseitige Verständigung

In jedem Haushalt gibt es eine für Katze und Mensch verständliche Sprache. Die meisten von uns sprechen mit ihrer Katze wie mit einem Kind, zur Fütterungszeit sogar wie mit einem Baby – mit höherer Stimme und ausgeprägter Sprachmelodie. Wir tippen an den Napf und verwenden jedes Mal dieselben Worte und Betonungen: „Komm, Essen" oder „hier, miez, miez".

Andere, sich täglich wiederholende Muster sind das Hinsetzen nach den Mahlzeiten, wenn die Katze auf Ihren Schoß springt, um ein wenig zu dösen. Diese Abfolgen erkennt und interpretiert die Katze. Außerdem lernt sie, regelmäßig wiederkehrende Aktionen wie das Heimkommen vorauszuahnen: Sie sitzt bereits da, um ihren Besitzer zu erwarten. Dies zeugt von einer präzisen inneren Uhr und dem Erkennen beispielsweise des Motorgeräusches.

Ihr Revier

Wenn man betrachtet, wie eine Katze ihre Umgebung einordnet, wird klar, dass sie ihren Menschen als Katze ansieht. Für Katzen stellt ein Zaun keine Grenze dar, aber sie erforschen, wie wir den Raum nutzen. Wenn Sie nie Ihren Garten betreten, wird Ihre Katze vielleicht auch keinen Gefallen daran finden. Wenn Sie gern in Ihrem Garten sitzen, werden Sie sicherlich stets von Ihrer Katze begleitet. Ein Zaun markiert für die Katze keinen Besitz. Ihre Anwesenheit jedoch sieht sie als Besitzanspruch und vertraut daher darauf, das Recht zu haben, ebenfalls dort zu sein.

verwandte Themen ...   17   37   59   60   74   78   79

68 Katzenklappen

Die Idee, einer Katze die eigene Eingangstür zur Verfügung zu stellen, ist keineswegs neu. Ich wohnte früher in einer jahrhundertealten Mühle, die eine Katzentür hatte, damit die Mäusejäger nach Belieben ein- und ausgehen konnten. Sie war so hoch angebracht, dass sie zwar für eine Katze, aber nicht für eine Ratte erreichbar war.

Katzen halten

Wahl einer Katzenklappe

Die heutigen Katzenklappen sind ausgezeichnet, weil sie auch Zugluft abhalten. Aber bei einer einfachen Ausführung ist es möglich, dass auch Nachbarkatzen ins Haus gelangen. Obwohl der Geruch der eigenen Katze eigentlich ausreichen müsste, um Eindringlinge fern zu halten, gibt es noch magnetische oder elektronische Katzenklappen. Bei beiden ist der Zugang nur für Katzen offen, die ein magnetisches oder codiertes Halsband tragen. Zudem sind viele Klappen mit Öffnungsmechanismen versehen, bei denen die Katze zwar nach drinnen, nicht aber wieder nach draußen gelangt, oder umgekehrt.

Die besten Katzenklappen lassen sich von beiden Richtungen öffnen und sind transparent. Dadurch wird die Benutzung für die Katze einfach: Bevor sie hinein- oder hinausgeht, kann sie prüfen, ob „die Luft rein" ist. Es gibt auch Klappen, die sich nur in eine Richtung öffnen lassen: Dann muss die Katze lernen, die Klappe anzuheben und darunter hindurchzuschlüpfen.

Katzenklappen-Training

Halten Sie anfangs die Katzenklappe mit Klebeband oder einer Wäscheklammer ganz offen. Bei einer magnetischen oder elektronischen Klappe müssen Sie die Sperrvorrichtung mit Klebeband umwickeln oder ausschalten. Lassen Sie Ihre Katze die offene Klappe beschnuppern, um sich damit vertraut zu machen. Meist genügt es, die Katze durch Rufen zu ermutigen, hindurchzuspringen.

jeden Tag wird die Klappe nun immer weiter geschlossen, bis sie nur noch etwa 10 cm weit offen steht und die Katze beim Eintreten dagegendrücken muss. Wenn sie damit zurechtkommt, schließen Sie die Klappe ganz. Fast jede Katze ist dann in der Lage, sie zu öffnen.

verwandte Themen ...   14   15   64   67   105

Wenn Sie Ihre Katze ins Freie lassen, sollte man sie identifizieren können. Das Einfachste ist ein Halsband mit Adressanhänger, auf dem auch Name und Telefonnummer vermerkt sind. Geht die Katze verloren oder ist sie verletzt, ist es wichtig, dass man mit Ihnen Kontakt aufnehmen kann. Mit einem Adressanhänger kann die Katze auch nicht als herrenlos angesehen werden.

Katzen halten

Das Halsband anlegen

Das Halsband muss einen elastischen Abschnitt haben, damit die Katze notfalls herausschlüpfen kann. Zwei Finger sollten darunter Platz haben. Sitzt es zu locker, verfängt es sich leichter in Ästen. In Wohngebieten sollte man ein reflektierendes Halsband verwenden, damit die Katze besser gesehen wird. Die Mikrochip-Markierung eignet sich für Tiere, die mit den Zähnen nach dem Halsband hakeln.

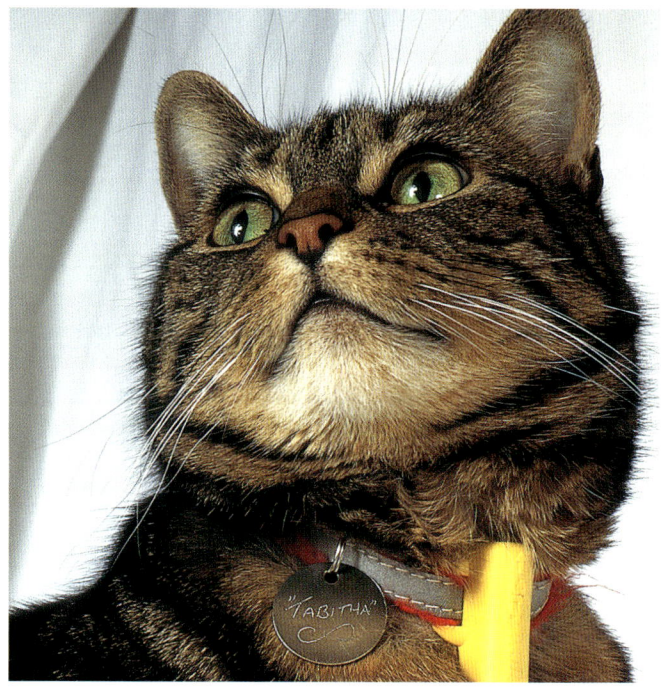

Katzenleinen und Brustgeschirre

Es gibt Zeiten, in denen eine Leine und ein Brustgeschirr unersetzlich sind. Besonders nützlich sind sie, wenn man umzieht und die Katze mit der neuen Umgebung draußen bekannt machen möchte.

Wichtig ist, die Katze bereits vorher an das Geschirr zu gewöhnen. Viele Katzen versuchen sich anfangs aus dem Geschirr herauszuwinden, werden störrisch oder werfen sich einfach hin. Lassen Sie Ihre Katze das Geschirr erst ohne Leine tragen – anfangs nur kurze Zeit, dann immer länger. Später bringen Sie dann eine leichte Leine an. Sie sollte jedoch locker bleiben oder zumindest anfangs überhaupt nicht gehalten werden. Dann gehen Sie mit loser Leine dorthin, wohin die Katze will. Später locken Sie sie mit der Stimme, Ihnen zu folgen.

Schließlich wird sich die Katze an Leine und Brustgeschirr gewöhnt haben. Wenn Ihnen die Leine in unbekanntem oder gefährlichem Gelände versehentlich aus der Hand rutschen sollte, dürfen Sie keinesfalls laut werden, sonst könnte Ihre Katze vor Ihnen davonlaufen. Besser ist es, ganz ruhig neben der Katze herzugehen und die Leine erst dann aufzunehmen, wenn sich eine Gelegenheit dazu bietet.

verwandte Themen ...   64   68   70

Die Katze auf Reisen

Für viele Katzen führen die einzigen Reisen zum Tierarzt oder zur Katzenpension, so dass sie damit negative Erfahrungen verbinden. Irgendwann einmal muss jede Katze, die vielleicht noch verletzt oder ernsthaft krank ist, zum Tierarzt. Dann sollte zusätzlicher Stress vermieden werden, weil die Katze zuvor nie ans Auto gewöhnt wurde.

Reisen lernen

Autofahrten führen bei Katzen leicht zu Stress, so dass sie unentwegt schreien. Schon nach ein paar Kilometern Fahrt kann ihnen bereits übel werden. Vor allem bei Hitze ist es schlimm, wenn Katzen im Auto in Stress kommen. Um dies zu vermeiden, ist es wichtig, die Katze bereits in ihrer Jugend vorsichtig ans Autofahren zu gewöhnen.

Gewöhnen Sie Ihre Katze als Erstes an die Transportbox. Sonst wehrt sie sich schon beim Anblick der Box, besonders wenn sie damit einen Tierarztbesuch verbindet. Die Box sollte belüftet und aus Plastik sein. Wenn sie nicht nach allen Seiten offen ist, fühlt sich die Katze sicherer. Transportkörbe sind nicht unbedingt sicher

und auch nicht einfach zu reinigen. Legen Sie die Box mit Zeitungspapier aus (Katzen mögen das!), setzen Sie die Katze hinein, aber lassen sie die Tür noch offen. Lassen Sie die Box einige Tage einfach im Zimmer stehen, damit die Katze sie als Schlafplatz benutzen kann. Immer wieder sollten Sie die Katze in der Box im Haus umhertragen.

Als Nächstes stellen Sie die Box mitsamt Katze ins Auto und bleiben bei ihr. Wiederholen Sie dies einige Tage lang und lassen Sie dann den Motor laufen. Machen Sie dann mit der Katze erst sehr kurze, später etwas längere Fahrten. Denken Sie daran, vorsichtig und nicht zu schnell zu fahren. Fahrten auf der Autobahn sind für die meisten Katzen leichter, weil sie weniger kurvig sind als andere Straßen. Nach einer Weile und mit etwas Geduld sollte sich Ihre Katze ganz gut ans Autofahren gewöhnt haben.

verwandte Themen ...   **60**   **64**   **67**   107

71 Mehrere Katzen halten

Sehr viele Menschen haben mehr als eine Katze und kommen damit gut zurecht, doch es ist nicht immer einfach, eine neue Katze in eine bestehende Katzengruppe einzugliedern. Die eher einzelgängerischen Katzen brauchen Zeit, einen Neuankömmling zu akzeptieren und aufzunehmen. Gewisse Streitereien während der Eingewöhnungsphase können vorkommen.

Raum zurück. So können sich beide Katzen allmählich mit dem Geruch der jeweils anderen vertraut machen. Treffen sie sich dann, wird es sicherlich eine Auseinandersetzung geben, die jedoch dann nicht mehr besonders heftig ausfällt.

Aggressionen

Während der Fütterung oder im Winter, wenn sich die Katzen eingesperrt fühlen, kann es auch bei aneinander gewöhnten zu milderen Auseinandersetzungen kommen. Nähert sich der Angreifer einer stehenden Katze, duckt sie sich und legt die Ohren an, um die Angriffsfläche zu verringern. Dabei kann sie eine Pfote heben und mit einer Mischung aus Knurren und Fauchen in die Luft schlagen. Dies ist keine Unterwerfung, denn sie ist bereit zurückzuschlagen.

Wenn eine Katze eine stehende Katze ohne Warnung angreift (etwa wenn ein anvisiertes „Zielobjekt" verfehlt wurde und die Katze nun ein Ventil sucht), dann stellt sich diese mit Schwung auf und schlägt zurück. Beide Katzen stellen sich auf die Hinterbeine, doch die angegriffene schlägt abwechselnd mit beiden Vorderpfoten zu – so als würde sie sich bei einem echten Kampf auf dem Rücken liegend verteidigen.

Katzenkinder

Am einfachsten ist es, sich zwei junge Kätzchen zu holen, weil sie sich untereinander wie Wurfgeschwister verhalten, selbst wenn sie nicht aus demselben Wurf stammen. Katzen, die von Kindheit an zusammen leben, fühlen sich verbunden und zeigen dies, indem sie sich von Zeit zu Zeit gegenseitig putzen. Auch andere Katzen, die im selben Haushalt leben, tun das gelegentlich.

Neuankömmlinge

Wenn Sie eine neue Katze zu einer bereits erwachsenen Katze aufnehmen, dann ermöglichen Sie Ihrer „alten" Katze, zuerst nur den Geruch der neuen kennen zu lernen. Dazu halten Sie den Neuankömmling anfangs nur in einem Raum. Wenn die „alte" Katze gerade nicht anwesend ist, lassen Sie ihn in die übrige Wohnung. Danach bringen Sie ihn wieder in seinen eigenen

verwandte Themen … 17 18 19 28 40 64 93

72 Die alte Katze

Katzen tragen ihr Alter mit Würde. Selbst wenn sie älter sind, haben sie noch Freude am Leben und dösen vor allem gerne in der Sonne. Meine eigene Kätzin, Mr. Jeremy Fisher (unten rechts), wurde beinahe 25 Jahre alt. Sie blieb erstaunlich fit und spazierte bis kurz vor ihrem Tod auf Gartenzäunen umher.

Lebenserwartung

Unkastrierte Kater sterben meist etwa zwei Jahre früher als kastrierte. Bei Kätzinnen hat die Kastration keine Auswirkung auf die Lebensspanne. 12 bis 14 Jahre sind ein gutes Alter für kastrierte Katzen, seien sie männlich oder weiblich. Nur wenige werden über 16 Jahre alt. Einige jedoch wie Jeremy erreichen 20 Jahre und mehr.

Spezielle Pflege

Wenn die Katze ruhiger wird, muss man ihr eventuell öfter die Krallen schneiden. Ihr Gang wird steifer und das Fell stumpfer. Wenn es nicht zu viel Stress verursacht, dann sollten Sie der Katze die Zähne putzen, um Zahnstein und Zahnfleischentzündung (Gingivitis) zu verhindern. Der Tierarzt kann den Zahnstein entfernen, damit keine Zähne verloren gehen. Ab und zu sollte man der Katze richtiges Fleisch geben, das sie kauen kann und das die Zähne reinigt.

Die häufigste Ursache für Gewichtsverlust ist durch die eiweißreiche Ernährungsweise bedingtes Nierenversagen. Die Katze trinkt nun mehr. Manche reagieren gut auf eine Behandlung oder Ernährungsumstellung. Langfristig ist die Prognose jedoch schlecht.

Einschläfern

Die Katze ist ein geliebtes Familienmitglied und die Trauer ist groß, wenn man sie einschläfern muss. Ihr Tierarzt kennt Ihre Sorgen und wird Sie beraten. Es ist jedoch Ihr Tier und die Entscheidung liegt letztendlich bei Ihnen. Viele Tierärzte schläfern das Tier auf Wunsch bei Ihnen zu Hause ein. Dazu gehört auch eine Beruhigungsspritze vorab. Außerdem sollten Sie mit dem Tierarzt besprechen, ob Sie Ihre Katze im Garten begraben, einäschern oder auf einem Tierfriedhof beerdigen möchten, anstatt sie über ihn zu „entsorgen".

Ungefähr 3 % aller tierärztlichen Konsultationen drehen sich um das Thema Euthanasie. Obwohl es zur Routine gehört, kann dies auch dem Tierarzt zu schaffen machen. Kurse in Euthanasie-Beratung sind bereits Bestandteil der Tierarztausbildung in England.

Katzen halten

verwandte Themen …   **65**   **83**   **99**

73 Kastration und Impfung

Wenn Sie mit Ihrer Katze nicht züchten oder sie ausstellen wollen, dann sollten Sie eine Kastration in Betracht ziehen. Dadurch vermeiden Sie bei Katern Kämpfe, das Markieren mit Urin und längere Streifzüge oder bei Kätzinnen rolliges Schreien und unerwünschten Nachwuchs. Regelmäßige Impfungen schützen vor Krankheiten.

Katzen halten

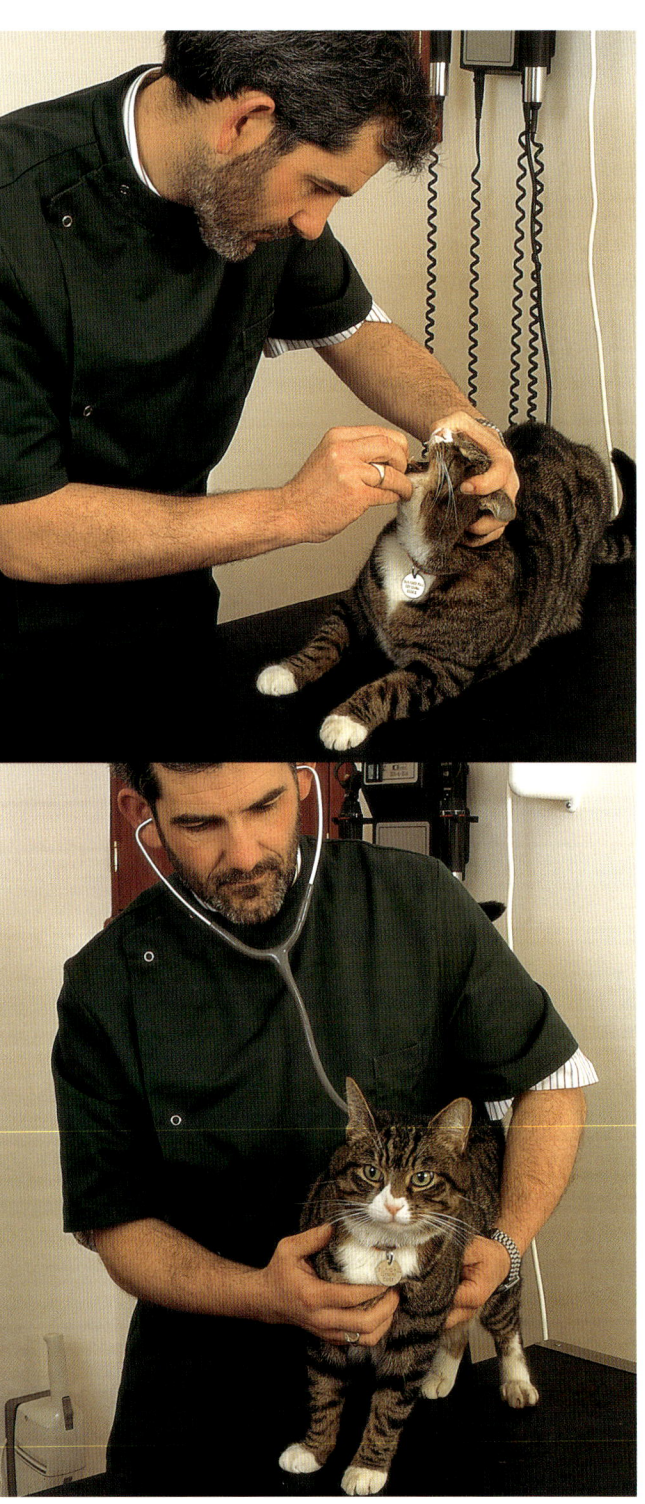

Wann und wie?

Bei Kätzinnen wird der Eingriff von den meisten Tierärzten im Alter von fünf, bei Katern von sechs Monaten vorgenommen. Bei weiblichen Tieren werden bei der Kastration die Eierstöcke und ein Großteil der Gebärmutter (Uterus) entfernt. Es handelt sich um einen Routineeingriff, der in Narkose durchgeführt wird, so dass die Katze nicht viel davon mitbekommt. Wie bei allen Operationen darf sie etwa zwölf Stunden davor nicht mehr gefüttert werden. Wenn sie dann, eventuell nach einer Übernachtung in der Tierklinik, wieder nach Hause kommt, geben Sie ihr ein bis zwei Tage lang leicht verdauliches Futter. Nach einer Woche müssen eventuell die Fäden gezogen werden.

Auch bei Katern wird die Kastration in Narkose vorgenommen und es gelten dieselben vorbereitenden Maßnahmen. Da es sich hier nur um eine kleinere Operation handelt, kann der Kater noch am selben Tag die Klinik verlassen und er braucht dann nur leichte Kost und Ruhe. Meist sind keine Fäden zu ziehen.

Eine uralte Praxis

Die meisten Menschen glauben, dass es sich bei der Kastration um eine Erfindung der Neuzeit handelt. Dies gilt jedoch nur für die Kastration weiblicher Tiere. Bei Männchen wird die Kastration schon sehr lange, nämlich seit Beginn der Landwirtschaft, durchgeführt. So wurden Hengste, Stiere, Eber, Ziegenböcke, Hähne und Kater kastriert, um sie gefügiger zu machen oder um die Fettbildung zu fördern. Bereits im frühen 17. Jh. bemerkte Edward Topsell, dass Hauskatzen länger lebten, wenn man sie verschnitt.

Impfungen

Katzen werden routinemäßig gegen Feline Infektiöse Enteritis (FIE, Katzenseuche) und Katzenschnupfen (Feline Virale Rhinotracheitis, FVR), gegebenenfalls auch gegen Leukose (FeLV) und Feline Infektiöse Peritonitis (FIP) geimpft. Sobald die passive Immunität schwindet, die die Kätzchen durch die Muttermilch erhalten, müssen sie geimpft werden. Ihr Tierarzt berät Sie über den Impfzeitpunkt. Ausstellungskatzen müssen auf alle Fälle geimpft werden. In Ländern mit Tollwutgefahr ist es ratsam, die Katze auch dagegen impfen zu lassen.

verwandte Themen ...   29   31   32   35

Wohnungskatzen

Unglücklicherweise werden in den USA die meisten Katzen ausschließlich in der Wohnung gehalten. Vor 25 Jahren liefen die meisten amerikanischen Katzen noch frei herum. Doch eine wachsende Furcht vor den Gefahren der Außenwelt hat die Amerikaner fest im Griff. Der Straßenverkehr und das Krankheitsrisiko werden als die größten Gefahren für Katzen angesehen.

Katzen halten

Risikoabwägung

Bevor Sie Ihre Katze ständig im Haus halten, sollten Sie die Möglichkeit einer Erkrankung oder eines Verkehrstodes gegen die einer Verhaltungsstörung abwägen. Es ist verständlich, dass man bei starkem Verkehrsaufkommen vorsichtig sein will: So hat man beispielsweise in Baltimore festgestellt, dass für eine Katze das Risiko von 1:10 besteht, auf der Straße getötet zu werden. Trotz allem ist die Angst, die Katze könnte überfahren werden, meist übertrieben. Zudem werden in den USA die Zahlen für ein Erkrankungsrisiko oft so dargestellt, als gäbe es keine Vorsorgeimpfungen. Tollwut gibt es zwar in den USA, doch besteht für Hunde das höchste Erkrankungsrisiko. Katzen übertragen selten Tollwut.

Als Folge steigender Wohnungshaltung – 55 Millionen Katzen leben ständig drinnen – sehen sich Länder wie die USA einer wachsenden Zahl an Verhaltensstörungen gegenüber. Urin absetzen im Haus, Krallen schärfen an den Möbeln und aggressives Verhalten gehören nun zum Leben einer amerikanischen Katze. Trotzdem äußerte sich auf einem Treffen einer Katzenschutzorganisation der Vorsitzende folgendermaßen: „Ich gehe davon aus, dass wir alle darin übereinstimmen, dass Katzen ausschließlich drinnen gehalten werden sollten". Ironischerweise entstand die alte Rasse der Maine Coon, auf die die Amerikaner zu Recht stolz sind, aus einer gewöhnlichen Bauernhofkatze.

Entfernen der Krallen

Das Entfernen der Krallen wird oft damit gerechtfertigt, man könne so aggressive oder Möbel zerstörende Katzen in den Griff bekommen. In einigen Ländern ist diese barbarische Operation an der Tagesordnung, in Deutschland ist sie verboten. Das Entfernen der Krallen ist eine Verstümmelung und sollte von Schutzorganisationen auch so eingestuft werden. Die British Veterinary Association und das Royal College of Veterinary Surgeons haben sich entschieden dagegen ausgesprochen, so dass es auch in England verboten ist. Erzieherische Maßnahmen sind vorzuziehen und heute stehen Tierverhaltenstherapeuten für Katzen mit ihrem Rat zur Verfügung.

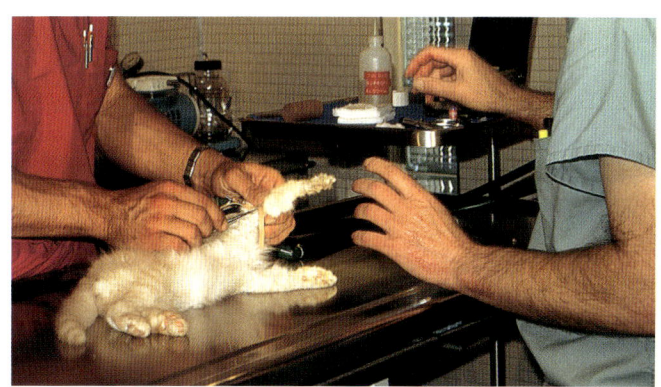

verwandte Themen ...   84   87   89   90   98

75 Unwiderstehliche Katzenminze

Wenn Sie schon einmal Katzenminze (*Nepeta*) angepflanzt haben, kennen Sie ihre starke Anziehungskraft auf Katzen. Das ätherische Öl in Blättern und Stängeln stimuliert das Riechzentrum des Gehirns, das dann den veränderten Zustand der Katze auslöst. Mit ihrer Vorliebe für Katzenminze ist die Hauskatze nicht allein, selbst Löwen reagieren ähnlich darauf.

Reaktionen

Katzenminze wirkt nicht auf alle Katzen gleich. Die Reaktion scheint etwa bei der Hälfte dominant vererbt zu werden und entwickelt sich erst mit Erreichen der Geschlechtsreife. Kätzchen zeigen im Alter von neun bis zwölf Wochen das erste Interesse. Zudem scheint es einen rassebedingten Zusammenhang zu geben, denn Siamkatzen reagieren nur schwach.

Häufig wird dabei die Pflanze zuerst beschnuppert und dann abgeleckt. Vor allem ältere Katzen beginnen zu speicheln. Sehr oft werden diese Reaktionen von Kinnreiben begleitet (siehe S. 33). Diese Tiere verlieren danach oft das Interesse. Diejenigen aber, die stark interessiert sind, versuchen die Pflanze mit ihren Pfoten bis zum Kopf zu ziehen, während sie sich an ihr reiben oder sogar mit dem Kopf darauf wälzen. Ver-

sucht man, die Katzenminze zu entfernen, können die Katzen mit den Krallen nach dem Menschen schlagen, selbst wenn sie es zuvor noch nie getan haben. Dieses Verhalten legt sich sofort, wenn die Pflanze weggenommen worden ist. Scheue Katzen zeigen oft zurückhaltende Reaktionen, indem sie nur an der Pflanze schnuppern. Doch bei allen ist irgendwann der Sättigungspunkt erreicht. Katzenminze wird auch gefressen und hat dann beruhigende Wirkung.

Bei beiden Geschlechtern ähnelt dieses Verhalten dem einer rolligen Kätzin oder der auf die Paarung folgenden Reaktion. Es ist sowohl bei kastrierten als auch nicht kastrierten Tieren zu beobachten. Das lässt vermuten, dass der Katzenminzengeruch dem Duft einer rolligen Kätzin ähnelt. Das Wälzen auf der Pflanze könnte durch eine veränderte Hautempfindlichkeit durch Ausschüttung von Östrogen verursacht werden.

Der Geruch macht's!

Die Wildform der Katzenminze ist für Katzen die attraktivste, vielleicht weil die Kulturpflanzen wie *Nepeta racemosa* oder die Zuchtsorten viel schwächer duften. Wenn Sie die Wildform anpflanzen möchten, ohne dass sie von Katzen zerstört wird, dann sollten Sie sie zwischen andere Pflanzen setzen.

verwandte Themen ...   7   11   12   18   29   30

76 Mit der Katze im gleichen Bett

Es gibt Menschen, die nie ohne mehrere Katzen zu Bett gehen würden, während andere nicht im Traum daran dächten, eine derartige Invasion zu dulden. Eine von Barrie Sinrod durchgeführte Umfrage unter 10 000 Heimtierhaltern in den USA ergab, dass 60 % mit ihrem Tier das Bett teilen.

Bitte nicht stören

Frauen im Alter zwischen 18 und 34 Jahren kuscheln am liebsten mit einem Tier. Dagegen akzeptieren verheiratete Männer über 45 ihr Tier nur dann im Bett, wenn es am Fußende schläft.

Katzen lieben den engen Kontakt mit uns. Angesichts ihrer relativ geringen Größe ist es erstaunlich, dass sie von uns nicht erdrückt werden, doch bewegen wir uns wohl sogar im Schlaf so vorsichtig, dass wir sie nicht stören. Die meisten Katzen versuchen, sich unter der Bettdecke zu vergraben. Hier ziehen viele Besitzer die Grenze. Darf eine Katze nicht direkt auf ihrem Menschen liegen, dann rollt sie sich meist in seinen angewinkelten Beinen zusammen.

Und was ist mit Sex?

Nach der genannten Sinrod-Studie haben 73 % aller amerikanischen Haustierhalter Sex, während sich ihr Tier im Raum aufhält. Dies zeigt, welch privilegierte Rolle Heimtiere einnehmen: Wir betrachten sie nicht als leblose Objekte, sondern als Familienmitglieder, würden es aber keinem anderen Familienmitglied erlauben, beim Sex anwesend zu sein! Und sicherlich denken wir auch nicht, die Katzen bekämen nicht mit, was da vor sich geht, denn sie reagieren oft einfühlsam.

Unser Verhalten Katzen gegenüber ist offenkundig sexuell geprägt. In Sinrods Umfrage stellte sich heraus, dass 81 % aller Katzenhalter ihre Katze küssen – fast 20 %

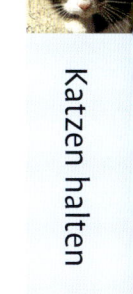

mehr als Hundehalter. Wegen ihres weicheren Fells streicheln wir Katzen. Es wird von der Katze erwidert, indem sie Körper und Schwanz nach oben reckt. Dadurch soll uns zweierlei übermittelt werden. Der erhobene Schwanz bedeutet Begrüßung, andererseits stellt er auch eine sexuelle Aussage dar.

Unser Geschlecht wirkt sich meist auf das Verhältnis zu unserer Katze aus. Viele Frauen behaupten, sie könnten sich besser in eine Katze hineinversetzen – vielleicht aufgrund der langen, aus dem alten Ägypten stammenden Beziehung zwischen Frau und Katze. Auf jeden Fall sind es die Frauen, die viel häufiger die Katze füttern, sich auf eine Ebene mit ihr begeben und in freundlichem Ton mit ihr sprechen. Single-Frauen beschäftigen sich mehr mit ihrer Katze als verheiratete.

Katzen halten

verwandte Themen ...   24   25   26   29   67   78

77 Gut gegen Stress

Katzen tun uns Menschen gut! Wenn Sie eine Katze streicheln, lässt Ihr Stress nach. Zu den Menschen, die von einer Katze profitieren können, zählen alle anstrengenden Berufsgruppen, wie etwa Ärzte, aber auch allein lebende, ältere Menschen. Die Beschäftigung mit einer Katze bedeutet Freude und Ablenkung von den Alltagssorgen.

Katzen halten

Heilmittel Katze

Seit einigen Jahren sind auch Forscher der Ansicht, dass Heimtiere gut für die Gesundheit sind. Die Katzenschutzorganisation „Cats Protection" beobachtete Katzenhalter und fand heraus, dass sich bei ihnen der Stress verringerte und Depressionen oder Ängste zurückgingen. Viele psychiatrische Kliniken mit Langzeitpatienten und Altenheime halten bereits Katzen zur Freude der Bewohner. Auch herrenlose Katzen eignen sich dazu, sie aufzumuntern.

Laut „Cats Protection" sind acht von zehn Schutzorganisationen der Meinung, dass Katzen gesundheitsfördernd sein können. Ältere Menschen oder AIDS-Patienten litten weniger unter Depressionen, wenn sie ein Haustier um sich hatten.

Haustiere helfen Heimbewohnern oder allein lebenden Menschen, sich besser zu fühlen und erinnern an ein normales Leben. Zwar sind auch Hunde geeignet, doch das weichere Fell der Katze animiert eher zum Streicheln als das Hundefell. Bei einer US-Studie stellte sich heraus, dass Männer mit Katzen oder Hunden eine niedrigere Herzfrequenz und einen niedrigeren Blutdruck hatten als solche ohne Tier. Haustiere konnten auch die Genesung bei Menschen mit Herzgefäßerkrankungen beschleunigen.

78 Schoßtier

Eigentlich ist es sehr schmeichelhaft für uns, wenn die Katze auf unseren Schoß springt, um dort ein Schläfchen zu halten. Und wir sollten uns auch geschmeichelt fühlen – es ist eine positive Aktion, da frei lebende, erwachsene Katzen jeden Körperkontakt meiden, selbst zu anderen Katzen aus derselben Gruppe, außer sie erhalten ausdrücklich die Erlaubnis dazu.

Zufluchtsort

Wir geben der Katze Wärme und Behaglichkeit und erinnern sie an die Zeit, als sie von der Mutter gesäugt wurde. Wir laden die Katze ein, auf uns Platz zu nehmen, indem wir sie streicheln. Die Katze versteht dies als eine Art Köpfchen geben und mütterliches Ablecken. Trotzdem mögen es Katzen nicht so sehr, von uns „befingert" zu werden, besonders nicht von Fremden. Bei der Wahl des Schoßes suchen sie sich oft einen Menschen aus, der sich nicht in den Vordergrund drängt – meist einen Katzenhasser!

Nicht alle Katzen sitzen gern auf dem Schoß. Die moderne Perser findet es dort etwas zu warm für ihren Geschmack und wird lieber auf einer Armlehne oder auf dem Boden sitzend gestreichelt. Unruhige Katzen rollen sich auch nicht gern auf dem Schoß zusammen, sondern setzen sich stattdessen mit ausgestreckten Krallen auf unsere Knie.

verwandte Themen ...   34   57   59   66   67   77

79 Spielende Katzen

Auch wenn sie längst erwachsen sind, spielen viele Katzen gern ihr Leben lang. Es fördert Ihre Gesundheit, vor allem bei Wohnungskatzen. Beim Spielen bleiben sie fit und können all ihre Jagdtechniken trainieren. Machen Sie mit, wenn Ihre Katze Sie zum Spielen auffordert, denn auch dies gehört zum Vergnügen, eine Katze zu besitzen.

einem flexiblen Stab mit einer Schnur und einem kleinen Spielzeug am Ende bestehen. Dieser „Zauberstab" für Katzen, der außerdem den Menschen nicht ins Schwitzen bringt, eignet sich für Kätzchen ab drei Monaten oder die schlanken Siamesen, die auch als erwachsene Tiere verspielt sind wie junge.

Selbstsichere Katzen mögen oft so genannte Fallenspiele, bei denen sie nur eine Bewegung wahrnehmen und darauf reagieren, etwa wenn sich etwas unter dem Teppich rührt. Bewegen Sie einmal Ihre Zehen unter der Bettdecke und Ihre Katze wird sofort auf diese Stelle springen. Eine Weiterentwicklung dieses Spiels ist es, wenn sich die Katze unter einer herabhängenden Tagesdecke oder hinter einem Vorhang versteckt, um von dort aus ein Objekt zu fangen, das sich hin und her bewegt.

Erwachsene Katzen spielen oft mit sich selbst, jagen plötzlich wie wild hinter dem eigenen Schwanz her, rennen durchs Haus oder spielen mit einem Papierfetzen. Dieses Verhalten ist ein Überbleibsel aus ihrer Kindheit.

Kratz- und Spielbäume

Lieblingsspiele

Greif- und Festhaltespiele sind bei Katzen sehr beliebt. Dafür eignen sich Treppen besonders gut. Sitzt die Katze auf der Treppe, dann bewegen Sie einen Stift oder Ähnliches am Geländer auf und ab. Sobald ihr Interesse geweckt ist, zeigt die Katze eine Reihe von Bewegungsabläufen, die sie sonst beim Einfangen kleiner Beutetiere ausübt. Meist wird sie mit einer Pfote versuchen,

den Stift zu greifen. Doch zuvor wird sie sich die Lücke im Geländer aussuchen, durch die sie ihre Pfote zwängt. Da die Katze Jagdverhalten zeigt, wird sie mit ausgestreckten Krallen zuschlagen: Passen Sie also bei diesem Spiel gut auf! Zudem wird die Katze versuchen, den Stift zum Maul zu führen und darauf zu kauen.

Die meisten Katzen lieben auch Verfolgungsspiele. Sie warten ab, springen und rennen hinter einer Schnur her. Es gibt auch modernere Spielzeugvarianten, die aus

Das Aufkommen der Spielbäume war für viele Katzenbesitzer ein Segen. Sie bestehen aus einem Kratzbaum und einem Klettergerüst, von dem aus die Katze die Welt von oben betrachten kann. Man muss die Spielbäume gut platzieren, die Katze anfangs auf sie aufmerksam machen und dort mit ihr spielen, sonst verkommen sie zu Staubfängern. Der größte Vorteil dieser Spielbäume liegt darin, dass sie sowohl für Mensch als auch Katze Orte der Kommunikation und des Spielens sind.

80 Katzenschule

Einen Hund zu erziehen ist vergleichsweise einfach, doch bei einer Katze wird das Training zu einer echten Herausforderung. Der Grund dafür ist, dass sich Katzen in keine hierarchischen Strukturen einfügen wie es Hunde tun. Die simplen Dominanztechniken, die beim Hunde-training verwendet werden, sind daher für Katzen ungeeignet.

Der Mensch in der Katzenwelt

Eine Katze geht allein auf die Jagd. Eine Zusammenarbeit, wie sie bei Hunden vorkommt, kennt sie nicht. Daher zeigen Befehle bei Katzen so gut wie keine Wirkung. Wenn sich Katzen zu einer Gruppe zusammenschließen, verhalten sie sich untereinander eher liebevoll als aggressiv. Es ist zwar möglich, dass sich innerhalb einer Katzengruppe hierarchieähnliche Strukturen herausbilden, doch sind sie nicht so bedeutend wie unter Hunden. Wenn Sie beispiels-weise Ihrem Hund einmal ein Kommando beigebracht haben, dann wird er es auch weiterhin ausführen. Ihrer Katze können Sie zwar befehlen, „sofort vom Tisch herunterzugehen", und vielleicht wird sie es auch tun, aber nur solange Sie in der Nähe sind!

Abschreckung

Passive Abschreckung eignet sich besser als eine aktive, um das Verhalten einer Katze zu beeinflussen. Falls erforderlich, können Sie immer noch auf die aktive Abschreckung zurückgreifen. Um dem Verhältnis zu Ihrer Katze nicht zu schaden, ist es wichtig, dass sie nicht merkt, dass die abschreckende Aktion von Ihnen ausgeht.

Die einfachste aktive Abschreckung ist eine Papierkugel, die Sie nach Ihrer Katze werfen, wenn sie wieder einmal Unfug macht. Wichtig ist aber, dass sie nicht merkt, dass sie von Ihnen kommt. Diese Methode hat den Nachteil, dass die Katze das Ganze als Spiel auffasst und hinter der Kugel her jagt. Als Alternative bietet sich eine Wasserpistole an. Wiederum ist es wichtig, dass die Katze nicht sieht, wie Sie auf sie zielen. Diese Methode sollte nicht zu häufig eingesetzt werden.

Bei einer von Verhaltensforschern entwickelten Methode wird eine Mausefalle verkehrt herum verwendet. Wenn Ihre Katze zum Beispiel immer wieder eine Topfpflanze ausgräbt, könnte diese Methode funktionieren. Die Falle wird gespannt, vorsichtig umgekehrt auf die Erde gelegt und mit Papier und Erde bedeckt. Sobald die Katze im Topf gräbt, hört sie das Geräusch der zuschnappenden Falle. Bei dieser Methode muss man sehr vor-sichtig sein, weil die Knochen in den Pfoten sehr leicht brechen.

Passive Abschreckungen sind meist für die Nerven von Mensch und Katze leichter zu ertragen. So kann man die umgedrehte Mausefalle in der Topfpflanze durch Mottenkugeln ersetzen, die man in einem durchlöcherten Beutel auf die Erde legt. Katzen mögen den Geruch der Mottenkugeln nicht – manche Gäste jedoch auch nicht!

verwandte Themen ...   87   91   117

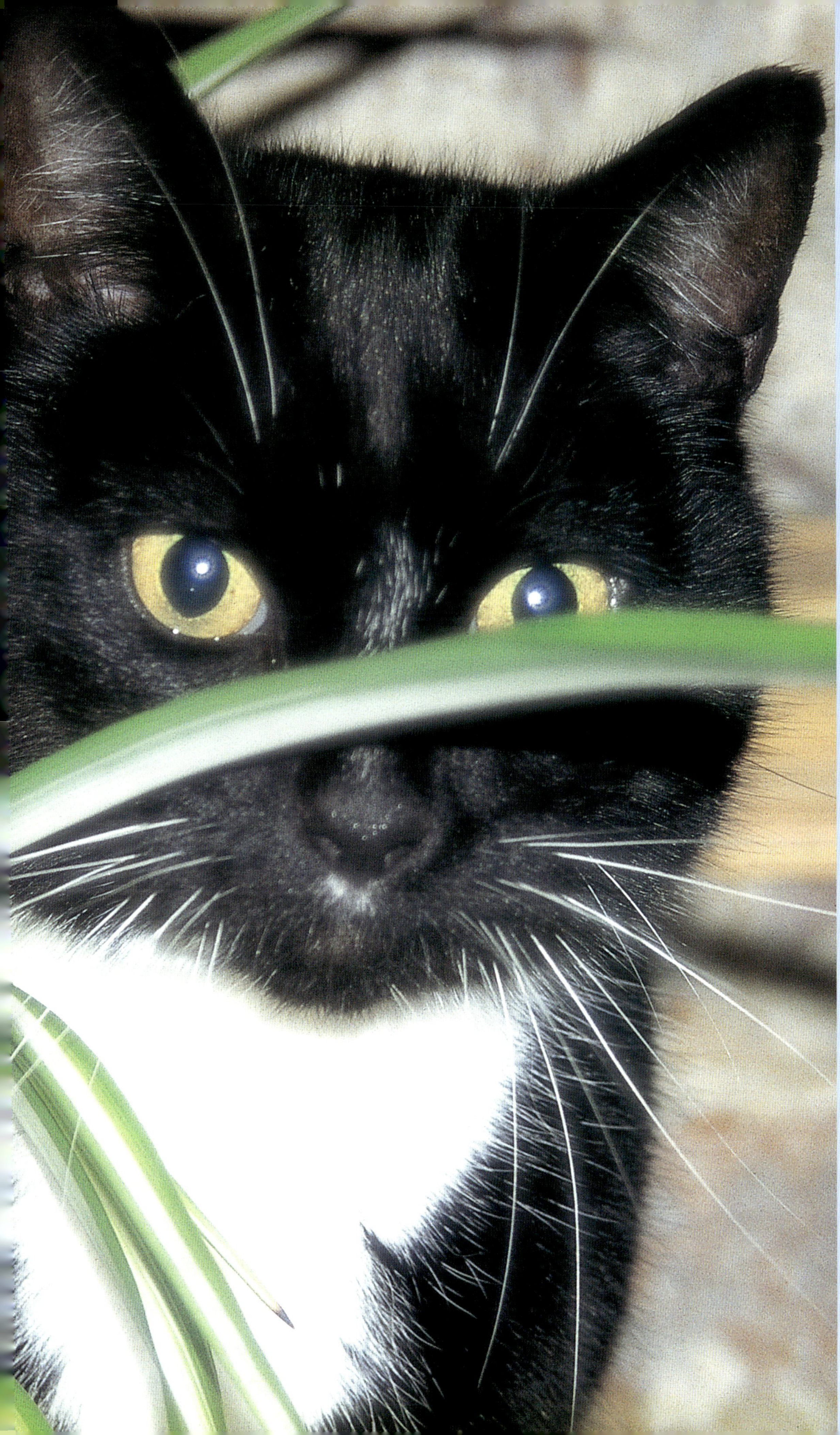

Probleme mit Katzen

Mischlingskatzen

Ganz normale Katzen sind unempfindliche, mutige Tiere mit einem fantastischen Stammbaum. Da sich die Paare selbst finden, folgen sie seit unzähligen Generationen dem besten Zuchtprogramm. Ihr Überleben und ihre Fortpflanzung gründen auf natürlicher Auslese, die nur sinnvolle Eigenschaften fördert. Dies ergibt eine unschlagbare Kombination: gesunde Tiere mit perfektem Körper und besten Eigenschaften.

Die besten Katzen

Die Medien haben sich unwissentlich gegen die langweiligen normalen Katzen verschworen, weil auf Fotos eine immer noch größere Vielfalt gewünscht wird. Dennoch besitzen 90 % der Katzenhalter eine normale und keine Rassekatze. Und nicht nur die

Medien wollen immer mehr Abwechslung sehen. Auf den bekanntesten Katzenausstellungen werden Rassen und ihre Züchter vorgestellt, aber keine Mischlinge und gut als Heimtier geeignete Katzen. Natürlich können Rassekatzen gute Haustiere sein, doch Mischlinge ebenso – Millionen Menschen werden dies bezeugen.

Warum ich sie liebe

Ich gebe zu, dass ich befangen bin, weil meine Tiere normale Katzen sind. Ich habe sie gewählt, weil ich sie für „echte" Katzen halte, die genetisch nicht verpfuscht wurden. Unter Katzenbuchautoren dürfte ich einer Minderheit angehören, da die meisten

gleichzeitig Züchter sind und nicht nur eine Vorliebe für Rassekatzen, sondern ganz speziell eine für ihre Rasse haben. Als Biologe und Verhaltensforscher sieht mein Ansatz anders aus. Ich betrachte diese sehr erfolgreiche Art, um sie besser zu verstehen.

Mischlinge leben durchschnittlich viel länger und gesünder als Rassekatzen, weil sie genetisch unempfindlicher sind. Es scheint, dass in den letzten Jahren auch Rassekatzen etwas älter werden als zuvor, doch meist nur mit tierärztlicher Hilfe. Zudem gibt es in Wirklichkeit viel mehr „normale Katzen" als Rassekatzen. In geografisch isolierten Gebieten leben historische Rassen als Haus- und Straßenkatzen, ohne jegliche Verbindung zum Rest der Katzenwelt. In einigen Ländern bestehen die ortsansässigen Feld-, Wald- und Wiesenkatzen aus den Originalrassen, die jetzt als „exotische" Rassekatzen gelten, so die Angora in Anatolien, die Siam und Korat in Thailand und die Japanische Stummelschwanzkatze in Japan. Nach dem Zweiten Weltkrieg musste die amerikanische Besat-

zung die Japaner darauf hinweisen, dass die Stummelschwanzkatze etwas Besonderes ist. Genauso schätzen wir die Britisch, Europäisch und Amerikanisch Kurzhaar auf den Straßen viel zu gering, weil sie für uns eben nur „normale Katzen" sind.

Gesundheit

Die Zucht für Ausstellungszwecke schränkt die genetische Vielfalt jeder Linie erheblich ein. Der Wettbewerb um schriftlich festgehaltene Standards hat die Zucht von Extremen gefördert, so dass die Gesichter der Perser immer flacher und ihre Atemprobleme immer schlimmer wurden und ungünstige Mutationen wie die Sphinx großen Anklang fanden. Es ist nicht in Ordnung, zum gesundheitlichen Nachteil der Tiere Neuheiten zu züchten.

Als ich diese Themen in meiner BBC-Fernsehserie „Cats" an die Öffentlichkeit brachte, fühlte ich mich ermutigt, als der englische „Council of the Cat Fancy" mir die

Antwort zukommen ließ, es läge ihnen fern, die Munchkin oder jede andere neue Rasse, die aus abnormem Körperbau oder abnormen Entwicklungen entstanden sei, anzuerkennen. Seitdem hat die „European Convention for the Protection of Pet Animals" versucht, die Züchter dafür verantwortlich zu machen, dass sie anatomische, physiologische und verhaltensmäßige Eigenschaften auswählen, die die Gesundheit der Tiere gefährden.

Da wir nicht der gleichen Spezies angehören, ist es umso bemerkenswerter, dass Katzen und Menschen so problemlos miteinander leben können. Immerhin gibt es schon genug Probleme im menschlichen Zusammenleben! Seit den 1980er Jahren wird immer häufiger von Katzenproblemen oder asozialem Verhalten berichtet. Mit dieser Häufung von Problemen kamen gleichzeitig drei Faktoren mit ins Spiel. Der erste betrifft das Berufsbild des Tierverhaltenstherapeuten, der mit seinen Ratschlägen dem Besitzer nicht nur Hilfestellung bietet, sondern auch die Probleme genauer aufzeigt, als es zuvor der Fall war. Zweitens ist in Nordamerika, England und Europa ein enormer Anstieg an Haushalten mit mehreren Katzen zu verzeichnen. Der dritte und wichtigste Faktor betrifft den von Nordamerika ausgehenden Trend, Katzen ausschließlich im Haus oder der Wohnung zu halten.

81 Flöhe

Beim Kämmen werden Sie bald feststellen, ob Ihre Katze Flöhe hat, wenn Sie nicht schon vorher durch ihr exzessives Kratzen darauf aufmerksam geworden sind. Kämmen Sie Ihre Katze über weißem Papier. Wenn sich schwarze Punkte zeigen, handelt es sich um Flohkot. Wenn Ihre Katze Flöhe hat, gibt es sie auch in Ihrem Haus. Dagegen müssen Sie etwas unternehmen.

Flohbekämpfung

Flöhe sind wirtsspezifisch, doch wenn die Katze einige Wochen lang nicht da ist, werden sie sich auch mit uns begnügen. Floheier findet man auf Teppichen oder Fußbodenspalten genauso wie auf Katzen. In warmen Sommern und bei eingeschalteter Zentralheizung vermehren sie sich besonders stark.

Gegen das Flohproblem im Haus hilft normalerweise ein Staubsauger in Kombination mit einem Flohbekämpfungsspray. Das effektivste Mittel zur Vorbeugung ist, die Katze mit einem flüssigen Insektizid zu behandeln, das von der Haut aufgenommen wird und die Flöhe tötet, sobald sie die Katze beißen. Sie erhalten es bei Ihrem Tierarzt, der aber die Katze jedoch vor dem Verkauf des Mittels bereits kennen sollte. Die richtige Dosis wird mit einer Pipette auf den Nacken des Tieres aufgetragen. Die Wirkung hält bis zu einen Monat lang an.

Eine orale Behandlung gegen Flöhe ist auch sehr beliebt. Als weitere Möglichkeit gibt es Flohhalsbänder, die sich für Kätzchen aber nicht eignen. Sie sollten bei ihrem Einsatz den Halsbereich Ihrer Katze nach einigen Tagen untersuchen, ob sich auf der Haut eine entzündliche Reaktion zeigt. In warmen Gebieten der USA, etwa in Kalifornien, werden elektronische Halsbänder eingesetzt, die Flöhe abhalten sollen. Auch Sprays und Puder sind wirksam, doch viele Katzen mögen das zischende Geräusch der Spraydose nicht, so dass sich ein Pumpspray empfiehlt. Sprays und Puder töten nur bereits existierende Flöhe. Sobald aus den Eiern neue Flöhe schlüpfen, muss wieder behandelt werden.

Katzen können sich beim Beutefang mit Bandwürmern infizieren, wobei der am häufigsten vorkommende, *Dipylidium caninum*, durch einen verschluckten Floh in die Katze gelangen kann. Sein Hauptwirt ist zwar meist ein Nager, doch die Eier können von Flohlarven aufgenommen werden und gelangen so in den Körper der Katze. Es gibt auch Katzen, die eine Flohallergie entwickeln und durch ständiges Putzen die Situation verschlimmern. In diesem Fall sollte ein Tierarzt aufgesucht werden.

Katzen sind allgemein sehr saubere Tiere und leiden selten unter Hautparasiten oder -problemen. Am häufigsten werden sie von Flöhen befallen, die man jedoch schnell und leicht erkennen und bekämpfen kann (siehe gegenüberliegende Seite). Doch auch die anderen Parasiten sollte man kennen, um sie gegebenenfalls bekämpfen zu können.

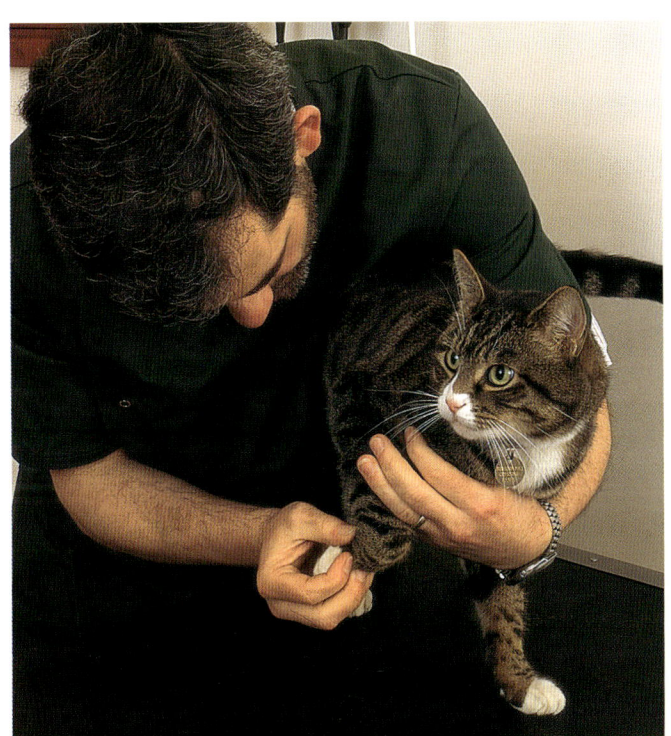

Probleme

Zecken

Etwa 80 % der auf einer Katze anzutreffenden Zecken sitzen im Bereich der Ohren. Vor ihrem Entfernen sollten Sie keinen Alkohol und kein Insektizid auftragen. Verwenden Sie am besten eine Zeckenzange und ziehen Sie die Zecke senkrecht heraus, damit die Mundwerkzeuge nicht in der Haut verbleiben (Abszessbildung!).

Ohrmilben

Diese winzigen Tierchen verursachen die häufigsten Probleme im Katzenohr und sind auch auf Hunde übertragbar. Hauptsächlich Katzenkinder werden befallen. Im Ohr kann sich ein brauner Wachspfropfen bilden. Der Tierarzt wird Ohrentropfen verschreiben, denn sonst kann eine Sekundärinfektion weiteren Schaden anrichten. Leider wirkt sich die Behandlung zu einer Zeit, in der ein Kätzchen Vertrauen zum Menschen erlangen soll, sehr nachteilig aus.

Grasmilben (Sandflöhe)

Die winzigen, roten Pünktchen, die im Herbst auf Beinen, Füßen, dem Kopf und den Ohren einer Katze zu sehen sind, nennt man Herbstgrasmilben. Sie können Irritationen hervorrufen, lassen sich aber meist mit einem Flohbekämpfungsmittel abtöten.

Cheyletiella-Milben

Cheyletiella-Milben werden wegen ihres Aussehens auch „wandernde Schuppen" genannt. Zum Glück sind diese Milben nicht sehr häufig und können mit Flohpräparaten bekämpft werden.

Läuse

Läuse sind bei gesunden Katzen sehr selten, kommen aber bei kränklichen Tieren vor. Die Eier (Nissen) kleben auf dem Fell und sehen wie Schuppen aus. Man bekämpft sie mit einem Flohmittel.

Wenn man die Katze regelmäßig untersucht, kann man sicher sein, dass sie frei von Parasiten ist. Sollten Sie einmal etwas Ungewöhnliches entdecken, lassen Sie es Ihren Tierarzt untersuchen.

83 Innere Parasiten

Obwohl es uns unangenehm ist, so kann sich doch jede frei laufende Katze über einen Zwischenwirt wie ein Nagetier oder einen Vogel mit inneren Parasiten infizieren. Zum Glück lassen sich diese Schädlinge gut bekämpfen, am besten durch eine regelmäßige Entwurmung. Ihr Tierarzt wird Sie gern beraten und Ihnen die entsprechenden Mittel geben.

Probleme

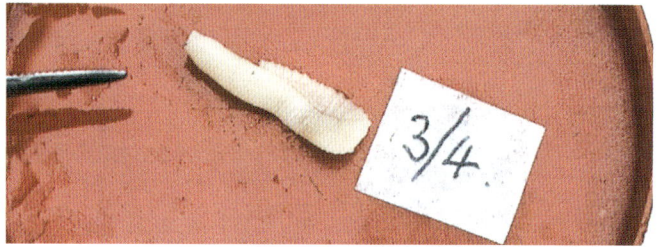

Band- und Spulwürmer

Wie der Name „Bandwurm" schon vermuten lässt, handelt es sich um einen bandförmigen Parasiten mit gefurchtem Körper. Beim Kämmen Ihrer Katze entdecken Sie eventuell kleine „Reiskörnchen" im Fell: ein Hinweis auf einen Bandwurm im Darm. Viele Besitzer sind beunruhigt, wenn sie im Fell am Hinterteil der Katze kleine, flache, weiße und sich bewegende Teilchen entdecken. Es handelt sich um Bandwurmsegmente, die im Innern der Katze abgebrochen sind.

Ebenso kann sich eine Katze auf der Jagd mit Spulwürmern infizieren. Sie sehen wie spiralförmige, weiße Würmer mit spitz zulaufendem Ende aus. Kätzchen können sich schon während der Geburt infizieren. Auch in einem Haarballen, den die Katze herauswürgt, können Spulwürmer enthalten sein. Besorgen Sie sich beim Tierarzt ein Mittel gegen Band- und Spulwürmer. Meistens verordnet er Tabletten, die mit dem Futter oder separat verabreicht werden.

Toxoplasmose

Toxoplasma gondii ist ein Einzeller, der Katzen befällt. Da immer mehr Katzentoiletten verwendet werden, können auch Menschen mit ihm in Berührung kommen. Katzen können sich beim Beutefang infizieren und scheiden die Oozysten mit ihrem Kot aus. Diese können direkt auf eine andere Katze oder jedes andere Säugetier übergehen. Auch wir können uns auch infizieren, wenn wir mit rohem Fleisch umgehen, es essen oder wenn wir unsere Hände nicht waschen, nachdem wir im Garten gearbeitet oder das Katzenklo gesäubert haben. Bei den meisten Menschen verläuft eine Infektion harmlos, nur für diejenigen mit einem geschwächten Immunsystem kann es ernst werden. Die größte Gefahr besteht für ungeborene Babys, da sie noch kein voll entwickeltes Immunsystem besitzen. Die Folgen einer Toxoplasmose des Kindes können Totgeburten, geistige Behinderungen und Blindheit sein.

Katzen sind sehr reinliche Tiere, so dass man sich durch Kontakt mit ihnen kaum infizieren kann. Schwangere sollten jedoch nicht mit Katzentoiletten in Berührung kommen. Verwenden Sie Wegwerfhandschuhe oder lassen Sie jemand anderes die Katzenstreu erneuern. Wird die Streu täglich ersetzt, dann verringert sich die Gefahr, weil die Oozysten in dieser Zeit nicht infektiös werden können. Die meisten Menschen infizieren sich aber durch nicht ganz durchgebratenes Fleisch und nicht durch Kot oder Katzenstreu.

84 Gestresste Wohnungskatzen

Bei Katzen sind das Eingesperrtsein und der daraus resultierende Stress die Hauptursachen für Verhaltensprobleme. Selbst frei laufende Katzen haben einen relativ kleinen Aktionsraum. In Wohngebieten kann er bei einer Kätzin gerade mal 0,02 ha betragen. Und was noch viel schlimmer ist: Die Wohnungen, in denen man Katzen hält, sind meist zehnmal kleiner.

Persönlicher Raum

Hält man mehrere Katzen in einer Wohnung, entsteht Spannung. Zudem betrachten uns Katzen als Artgenossen, so dass sich die Situation verschlimmert, wenn die Menschen durch ein Baby oder einen neuen Partner Zuwachs bekommen. Außerdem langweilen sich Katzen in kleinen Wohnungen. Die Menschen, die ihre Katze durch Wohnungshaltung vor der Außenwelt mit Gefahren wie Verkehr, Krankheit oder Streunen schützen wollen, nehmen dafür den Stress und die damit verbundenen Probleme in Kauf. Ironischerweise hat das vielfältige Angebot an Katzenstreu zu einem unnötigen Anstieg der Wohnungskatzenanzahl geführt.

Durch das Einsperren sind für die Katze Jagdpotenzial, Fluchtmöglichkeiten und Umweltreize eingeschränkt. Eine Kätzin kann als Reaktion auf ihren Stress ihre Kleinen im Stich lassen, sich exzessiv der Fellpflege widmen oder kaum Milch produzieren. Stress verursacht auch physiologische Veränderungen. Das vegetative Nervensystem reagiert mit einer erhöhten Herzfrequenz, einem veränderten Blutkreislauf und dem Ausstoß von Adrenalin zur Kampf- und Fluchtbereitschaft. Dies führt dann zu Problemen wie Markieren und Kotabsetzen in der Wohnung, Aggressionen, exzessiver Fellpflege und Fressstörungen.

Aggressivität unter Wohnungskatzen

Bei territorialen Tieren wie der Katze können anfängliche Auseinandersetzungen Dominanzpositionen erzeugen. Normalerweise ist der Streit zu Ende, sobald sich eine Katze zurückzieht, während die andere als Sieger über das Territorium hervorgeht. Wenn sich mehrere Katzen eine Wohnung teilen müssen, dann sind ihnen die territorialen Grenzen von Anfang an auferlegt worden. Auseinandersetzungen können daher nicht gelöst werden, indem sich eine Katze zurückzieht. Sie muss auch weiterhin in engem Kontakt mit der dominanten Katze leben.

Eine solche Situation kann sehr schädigend sein, mit Auswirkungen auf den Organismus und vielen krankhaften Zuständen wie Unfruchtbarkeit und Herzversagen. Bei Stress bleibt der Kortisonspiegel erhöht und allergische oder entzündliche Antwortreaktionen des Körpers werden abgeschwächt, so dass das Tier gegenüber Infektionen anfälliger wird.

Lösungsmöglichkeiten

Wägen Sie als verantwortungsvoller Mensch die Gefahren der Außenwelt sorgfältig gegen die der Wohnungshaltung ab.

Lassen Sie auch Wohnungskatzen ins Freie. Anfangs sollten Sie eine Leine benutzen, damit sich die Katze mit ihrem Revier und dem Heimweg vertraut machen kann.

Soll die Katze in der Wohnung bleiben, stellen Sie ihr zur Stressminderung einen Kletterbaum und ein Regal als Rückzugsmöglichkeit und Reviervergrößerung zur Verfügung. Für Bücher und Pflanzen stellt man auch Regale auf, warum also nicht für die Katze? Bauen Sie eine eine Katzenklappe ein, die in ein umzäuntes Außengehege führt.

Auch der Zugang zu Ihrem Schlafzimmer kann Stress reduzieren, weil die Katze dort Ihren Geruch wahrnimmt und sich so Ihnen nahe fühlt.

verwandte Themen ...   68   73   78   85   93

85 Übertriebene Fellpflege

Für dieses Problem gibt es einige Ursachen. Stress und Flohbefall gehören zu den häufigsten. Besonders der durch Wohnungshaltung bedingte Stress kann zu übertriebener Fellpflege führen. Alle Katzen leiden unter Langeweile oder Angst, doch Siam- und Burmakatzen sowie die nervösen Abessinier sind dafür besonders anfällig. Katzen pflegen sich selten zu wenig.

Probleme

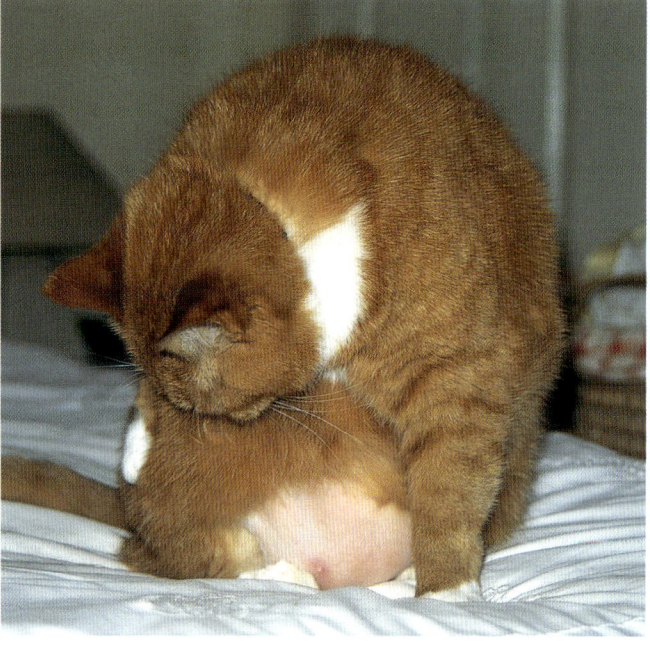

Flöhe oder Wohnungshaltung?

Die Anzeichen für übermäßiges Putzen sind am Bauch und an der Innenseite der Schenkel zu sehen. Haarausfall hinter den Ohren oder auf Teilen des Rückens durch ständiges Kratzen mit den Hinterfüßen deutet meist auf Hautparasiten hin.

Wenn die Katze plötzlich das dringende Bedürfnis zeigt sich zu putzen, dann ist eine Untersuchung auf Flöhe erforderlich. Kämmen Sie die Katze auf weißem Papier – zeigen sich schwarze Pünktchen, dann handelt es sich dabei um Flohkot. Flohbefall kann zu Hautirritationen führen, die wiederum die Katze dazu veranlassen, sich so exzessiv zu putzen, dass kahle Stellen auftreten. Beobachten Sie Ihre Katze. Ist ein Teil des Hauses, in dem sich die Katze normalerweise aufhält, von Flöhen befallen, dann wird sie diesen besonders bei warmem Wetter meiden. Das kann so weit gehen, dass die Katze in dem von Flöhen befallenen Bereich den Teppich nicht mehr betritt, sondern einen Umweg über die Möbel nimmt.

Lösungsmöglichkeiten

Parasiten müssen sofort entfernt werden. Dies geschieht meist mit Hilfe eines handelsüblichen Schädlingssprays (siehe S. 122). Gleichzeitig mit der Katze sollte das gesamte Haus behandelt werden, da sich die Flöhe in Teppichen und an anderen Stellen verbergen, um irgendwann erneut aufzutreten. Es kann eventuell nötig sein, die Behandlung zu wiederholen. Lesen Sie die Gebrauchsanleitung des entsprechenden Schädlingsbekämpfungsmittels oder fragen Sie Ihren Tierarzt.

Für gelangweilte Wohnungskatzen sollten unbedingt Anreize geschaffen werden, etwa in Form eines „Spielplatzes" um einen Kletterbaum herum (siehe S. 116).

Wird der Stress durch zu große Enge durch Katzen oder Menschen ausgelöst, dann muss die genaue Ursache ermittelt und möglichst beseitigt werden.

Exzessive Fellpflege kann auch auftreten, wenn eine anhängliche Katze über längere Zeit allein gelassen wird. Wenn Sie in einem solchen Fall Ihrer Katze nicht mehr Zeit widmen können, dann können Sie wenigstens Ihre Nähe „imitieren", indem Sie getragene Kleidungsstücke herumliegen lassen, um ihr durch Ihren Duft Sicherheit zu vermitteln.

86 Zimmerpflanzen fressen

Katzen sind Fleischfresser und ihre Zähne eignen sich nicht zum Verzehr von Pflanzen. Wenn Sie schon mal Ihre Katze dabei beobachtet haben, wie sie im Garten versucht, einen Grashalm abzubeißen, um ihn dann unzerkaut hinunterzuschlucken, dann sind Sie überzeugt, dass sie nicht zu den Pflanzenfressern gehört! Trotzdem fressen Katzen ab und zu Gras oder Blätter.

Grünzeug

Pflanzen enthalten Ballaststoffe und helfen bei der Verdauung. Wenn Katzen Haarballen hervorwürgen, dann ist meist Gras enthalten, das wohl zur Entsorgung der unangenehmen Masse beiträgt. Bei Wohnungskatzen ist es ratsam, einen Topf mit Gras aufzustellen, damit sie den Zimmerpflanzen keinen Schaden zufügen. Achten Sie darauf, dass Ihre Katze keinen Zugang zu giftigen Pflanzen hat. Es gibt zahlreiche Zimmerpflanzen, die für Katzen giftig sind, darunter Weihnachtsstern, *Philodendron*, Efeu, *Dieffenbachia*, Azalee sowie Misteln und Stechpalmenzweige. Wenn man dann noch Schnittblumen wie Kreuzblume, Rittersporn und Lupine hinzuzählt, kann es einem Katzenhalter schon angst und bange werden! Zwar ist die von Zimmerpflanzen ausgehende Gefahr meist nicht so groß wie die durch andere Giftstoffe, beispielsweise Frostschutzmittel, doch besonders für Wohnungskatzen kann es sehr ernst enden. Meist treten lokal Geschwüre und Irritationen im Maul auf, oft begleitet von Magenbeschwerden.

Lösungsmöglichkeiten

Ertappen Sie Ihre Katze beim Nagen an Zimmerpflanzen, können Sie immer noch unbemerkt mit einer Wasserpistole auf sie zielen. Da diese aktive Abschreckungsmethode aber fehlschlagen kann und außerdem Ihre ständige Präsenz erfordert, ist es effektiver, auf passive Techniken zurückzugreifen.

Platzieren Sie Zimmerpflanzen so, dass sie für die Katze unerreichbar sind. Aber denken Sie daran, dass Ihre Katze auch auf Regale klettern kann. Wenn Sie die Pflanze auf Alufolie stellen, sieht das vielleicht nicht sehr attraktiv aus, kann aber knabbernde Katzen fernhalten.

Manche Katzen graben in Topfpflanzen und benutzen sie als Toilette. Auch hier sollte man den Zugang blockieren oder einen mit Mottenkugeln gefüllten Beutel auf die Erde legen, weil Katzen den Geruch nicht mögen. So kann man sie auch abhalten, die Blätter anzuknabbern. Auch Essig oder andere unangenehm riechende Substanzen können Sie verwenden.

verwandte Themen ...   80   84   90

Bei mindestens einem Zehntel aller Hauskatzen tritt dieses Problem auf, wobei unerwünschtes Urinieren doppelt so oft vorkommt wie Kot absetzen. Bei Siamkatzen kann das Markieren mit Urin problematisch sein, während Perser eher zu Verunreinigungen mit Kot neigen. Markieren mit Urin darf nicht mit Urinieren verwechselt werden (siehe S. 130).

Probleme

Wieso passiert so etwas?

Die häufigste Ursache für Verunreinigungen im Haus ist, dass der Mensch vergessen hat, das Katzenklo zu reinigen. Katzen vergraben ihren Kot normalerweise, wenn sie sich ihres Revieres sicher sind. Vielleicht fühlt sich die Katze auf ihrer Toilette unsicher. Zudem fühlen sich frei laufende Katzen manchmal unwohl, wenn sie ihr Geschäft im Haus verrichten sollen. Katzen, die ins Freie dürfen, setzen sowohl Kot als auch Urin an den Reviergrenzen ab. Das Wetter kann einen Einfluss darauf haben: Frost und Schnee erschweren das Vergraben, doch Schnee dient auch zum Zudecken.

Das Verunreinigen der Wohnung kann durch Haltungsstress hervorgerufen werden (S. 125). In diesem Fall müssen Sie wie im Kasten beschrieben vorgehen. Auch Freigänger können im Haus gefangen sein. Scheue Katzen mögen zu nervös sein, um nach draußen zu gehen, vor allem wenn die Katzenpopulation dort sehr hoch ist. In Haushalten mit mehreren Katzen kann eine die andere vom Gebrauch der Katzenklappe abhalten. Neu hinzugekommene Katzen oder Personen verringern möglicherweise die Reviersicherheit.

Das Urinieren im Haus geht möglicherweise auch auf eine Blasenentzündung zurück, besonders bei älteren Kätzinnen. Eine gut zugängliche Katzentoilette und Antibiotika sollten Abhilfe schaffen. Alte Katzen sind oft nicht mehr so beweglich und daher nicht in der Lage, den richtigen Ort für das Kotabsetzen aufzusuchen.

Lösungsmöglichkeiten

Platzieren Sie die Toilette so, dass sich die Katze darin sicher fühlt. Schon eine Abdeckung kann das Gefühl von Sicherheit vermitteln. Stellen Sie das Klo nie neben den Futternapf.

In der Wohnung hat die Katze keine Wahl, wo sie ihr Geschäft verrichten kann. Vielleicht benötigt sie mehr als eine Toilette.

Auch auf die Streu kommt es an. Probieren Sie verschiedene Sorten aus. Klumpende, stark absorbierende Streu eignet sich am besten.

Reinigen Sie die verunreinigten Stellen im Haus gründlich, damit sie die Katze nicht nochmals verwendet. Es gibt spezielle Produkte. Kaufen Sie keine teerhaltigen Reiniger, die auf Katzen toxisch wirken. Sobald Sie den Geruch beseitigt haben, sollten Sie die Stelle verändern, indem Sie zum Beispiel Alufolie darüberlegen (die viele Katzen nicht mögen) oder ein Möbelstück daraufstellen.

Strafen oder Wutausbrüche verstärken nur die Angst der Katze und erhöhen das Risiko weiterer Verunreinigungen. Denken Sie stattdessen darüber nach, warum das Problem aufgetreten ist und beseitigen Sie die Ursache.

verwandte Themen ...   17   48   50   68   84   88

88 Kothaufen werden nicht vergraben

Bei Revierstreitigkeiten setzen sowohl kastrierte als auch nicht kastrierte Kater ihren Kot an einer gut sichtbaren Stelle ab und vergraben ihn nicht. Bauernkatzen, die ihren Kot auf dem Hof vergraben, lassen ihn anderswo offen liegen. Hauskatzen vergraben ihre Hinterlassenschaften bevorzugt an den Reviergrenzen, also meistens im Nachbargarten!

Wo liegt das Problem?

Für uns Menschen mag es nur von geringer Bedeutung sein, wenn die Katze ihren Kot nicht vergräbt, doch es könnte auch auf ein tiefer liegendes Problem der Katze hindeuten. Katzen sind sensible Wesen, die sich selbst beim Toilettengang sicher fühlen müssen. Sie sind beunruhigt, wenn andere Katzen in der Nähe sind, denn beim Verrichten ihres Geschäfts sind sie leicht angreifbar. Folglich kann es vor allem im Winter geschehen, dass Ihre Katze Sie in den Garten begleitet, weil Ihre Anwesenheit ihr Sicherheit gibt.

Mangel an geeigneten Stellen

Katzen setzen ihren Kot am liebsten an ihren Reviergrenzen ab, müssen aber mit den vorhandenen Stellen vorlieb nehmen. Rasen und Betonböden sind nicht sehr verlockend, genauso wenig wie verwilderte Gärten und regennasser Boden. Im Sommer ist es besonders für Kätzinnen schwer, im ausgetrockneten Boden zu graben, um Harn abzusetzen. Sie sollten einen Bereich zu ihrer Nutzung auflockern. Dies könnte sie auch davon abhalten, die Beete im Nachbargarten zu missbrauchen. Wenn Sie das Gefühl haben, dass Ihr Garten zur öffentlichen Katzentoilette wird, nehmen Sie am besten selber eine Katze zu sich, dann bleiben unerwünschte Gäste fern!

Probleme

Wie Katzen graben

Beim Graben verlagern Katzen ihr Gewicht auf die Hinterbeine und schaufeln abwechselnd mit beiden Vorderpfoten die Erde zu sich heran. In durchschnittlicher Gartenerde sind etwa 22 Pfotenbewegungen üblich. Wenn sich die Katze zum Kotabsetzen hinsetzt, hält sie den Schwanz in einem Winkel von etwa 50° nach oben. Sobald sie sich gelöst hat, beschnuppert die Katze die Stelle, bedeckt sie mit Erde und wiederholt das Ganze so oft, bis sie zufrieden ist.

verwandte Themen ...   17   87

89 Markieren im Haus

Das größte Problem ist für viele Katzenhalter das Markieren, selbst wenn sie ihre Katze ins Freie lassen. Fast die Hälfte aller Beschwerden beziehen sich darauf. Doch wenn die eigene Katze nicht gerade ein unkastrierter Kater ist, sind häufig die Nachbarkater die Verursacher dieser strengen Geruchsmarken.

Probleme

Warum markieren Katzen?

Unkastrierte Kater markieren, um ihre Reviere abzustecken. Durch die Kastration können meist die Häufigkeit der Markierungen und ihr stechender Geruch beseitigt werden. Kastrierte Kater, die wegen der Ankunft eines neuen Katers im Stress sind, setzen auch Duftmarken ab, die aber längst nicht so streng riechen wie die unkastrierter Kater. Selbst Kätzinnen setzen oft während der Rolligkeit Urinmarken ab. Ein unkastrierter Kater demonstriert mit seinen Duftmarken, dass er das Recht hat, sich an diesem Ort aufzuhalten. Bemerkt er andere Gerüche, wird er diese durch eigenes Markieren übertönen. Manche Zuchtkater paaren sich erst, wenn die Umgebung von ihnen ordentlich markiert worden ist.

Lösungsmöglichkeiten

Durch eine Kastration wird das Problem der Urinmarken meist beseitigt, doch immerhin ein Kater von zehn markiert auch weiterhin. In diesem Fall hilft normalerweise eine Behandlung mit Progesteron. Interessant ist, dass auch bei einer frühen Kastration das Markieren keinesfalls seltener vorkommt.

Wenn Sie unbemerkt mit einer Wasserpistole auf einen markierenden Kater zielen, können Sie ihn unter Umständen davon abbringen. Wutausbrüche dagegen sind kaum hilfreich.

Versuchen Sie herauszufinden, wo und weshalb Ihre Katze markiert. Es gibt Stellen, die zum Markieren verführen. Draußen verleiten beispielsweise Radkappen durch ihre Größe, Höhe und Form zum Markieren. Betrachten Sie einmal Ihre Wohnung unter diesem Aspekt und Sie werden schon bald die wenigen bevorzugten Stellen entdecken. Durch Umstellen der Möbel können Sie den Zugang zu diesen Bereichen erschweren.

In Haushalten mit mehreren Katzen ist es nicht immer leicht, den „Übeltäter" ausfindig zu machen. Man kann die abgesetzten Duftmarken identifizieren, indem man der verdächtigten Katze vom Tierarzt eine Spritze mit einem fluoreszierenden Farbstoff geben lässt. Nach der Injektion kann man die Duftmarken unter UV-Licht betrachten – diejenigen der verdächtigten Katze werden 24 Stunden lang in hellem Grün aufleuchten.

Wenn es nicht die eigenen Katzen sind, die im Haus markieren, sollten Sie eine elektronisch gesteuerte Katzenklappe installieren, die nur Ihren mit einem speziellen Halsband versehenen Katzen den Zugang ins Haus ermöglicht.

verwandte Themen ...   17   18   19   29   30   31

90 Beschädigen der Einrichtung

Bei ausschließlich in der Wohnung gehaltenen Katzen stellt das Zerstören von Möbeln ein großes Problem dar. Selbst Freigänger beschädigen die Einrichtung, aber längst nicht im gleichen Ausmaß. Das Kratzen dient der Reviermarkierung und ist deshalb schwer zu verhindern. Das beste Gegenmittel ist ein Objekt, an dem die Katze ihre Krallen wetzen darf.

Bevorzugte Stellen und Abschreckungsmittel

Draußen benutzen Katzen ihren Lieblingsbaum, drinnen eben die Lehne Ihres Lieblingssessels, um ihre Krallen zu wetzen. Die Katze wird immer wieder denselben Ort aufsuchen, denn das Krallenschärfen soll auch sichtbare Reviermarkierungen hinterlassen. Es ist daher nutzlos, eine Katze anzuschreien, wenn sie sich erst einmal einen Stammplatz zum Kratzen ausgesucht hat, weil sie von den sichtbaren Wetzspuren angezogen wird. Sie müssen dies also schon vorher unterbinden.

Wenn Ihre Katze Ihre Holzmöbel als Kratzbaum benutzt, dann können Sie zu passiven Abschreckungsmitteln wie einer stark riechenden Politur oder Essig (prüfen Sie zuerst, ob er nicht die Oberfläche beschädigt) greifen. Ebenso können Sie eine Orangenhälfte an die problematische Stelle legen. Bei Polstermöbeln lassen sich die Armlehnen mit einem Textilüberwurf oder Alufolie schützen.

Danach müssen Sie die Aufmerksamkeit Ihrer Katze auf eine Stelle lenken, an der sie ihre Krallen schärfen darf, etwa eine Fußmatte (wird allerdings nicht von allen Katzen angenommen). Es gibt auch spezielle, im Handel erhältliche Kratzbäume, die mit Sisal oder Teppichmaterial umwickelt sind. Man kann sie auch leicht selbst herstellen. Wenn Sie ein Katzenkind aufziehen, sollten Sie es von klein auf an einen Kratzbaum gewöhnen. Hat die Katze bereits einen Stuhl oder ein Tischbein beschädigt, stellen Sie den Kratzbaum direkt davor auf. Versucht sie wieder, ihre Krallen an den Möbeln zu wetzen, dann setzen Sie sie vor den Kratzbaum. Viele Katzenbesitzer empfinden die aktive Abschreckungsmethode mit der Wasserpistole als sehr hilfreich, wenn man die Katze beim Zerkratzen der Möbel in flagranti erwischt.

verwandte Themen ...　　17　　18　　80　　84　　87　　91

91 Gefährliche Klettertouren

Katzen haben den unstillbaren und verständlichen Drang, die Welt von oben zu betrachten. Immerhin sind sie Klettertiere, die sich vor allem dann sicher fühlen, wenn sie sich in der Höhe befinden. Deshalb ziehen es Katzen auch vor, auf Möbelstücke zu springen, anstatt sich auf dem Boden fortzubewegen.

Probleme

Wo liegt das Problem?

Die Küche ist ein besonders gefährlicher Ort, wenn die Katze hoch hinaus will. Es ist natürlich wichtig, dass eine Katze keinen Zugang zu Herdplatten hat. Auch die der Nahrungszubereitung dienende Arbeitsfläche ist kein Aufenthaltsort für Katzen, doch gerade diese Orte sind für Katzen besonders attraktiv, weil dort auch ihr Futter zubereitet wird. Springt eine Katze dennoch einmal auf die Arbeitsplatte, dann rufen viele Menschen einfach „Nein", mit sehr begrenzter Wirkung. Durch das Anschreien kann außerdem die Beziehung zwischen Mensch und Katze gestört werden. Und selbst wenn die Katze begreift, dass sie dort oben nichts zu suchen hat, so wird sie doch die Gelegenheit nutzen, sobald Sie sich nicht in der Küche aufhalten. Meist gehen erwachsene Katzen vorsichtiger mit heißen Platten um als junge Kätzchen.

Lösungsmöglichkeiten

Blockieren Sie den Zugang zu gefährlichen Stellen, indem Sie dort Gegenstände aufstellen, die Ihre Katze davon abhalten, hinaufzuspringen. Dies ist besonders wichtig, wenn Sie mehrere Wohnungskatzen halten, die sich alle wegen der hohen Populationsdichte erhöhte Punkte suchen möchten, um sich sicher zu fühlen.

Stellen Sie der Katze einen Spielbaum zur Verfügung und erlauben Sie ihr, auf ungefährliche Flächen wie beispielsweise Fensterbretter zu springen. Die Katze wird es nicht verwirren, wenn Sie ihr Alternativen anbieten. Sie findet eher die Vorstellung, überhaupt nicht klettern zu können, absurd.

Bei Katzen, die anscheinend jede Gefahr missachten, kann eine Wasserpistole zur Abschreckung sehr nützlich sein – vorausgesetzt, sie merken nicht, woher der Strahl kommt. Die Katze wird die betreffende Stelle dann mit dem Risiko einer Wasserladung in Verbindung bringen und in Zukunft meiden.

verwandte Themen ...   2   15   26   79   80   84

92 Grobe Spiele

Meistens verlaufen Spiele zwischen Mensch und Katze innerhalb klar abgesteckter Grenzen. Wir gehen mit der Katze freundlich um, weil sie kleiner ist als wir und weil sie Krallen hat. Die Katze wiederum ist sich im Klaren, dass wir viel größer und stärker sind als sie. Trotzdem kann das Spiel einmal ausarten.

Aus Spiel wird Ernst

Während eines Spiels kann es vorkommen, dass die Katze plötzlich mit den Vorderpfoten das Handgelenk des Menschen umfasst, mit beiden Hinterbeinen dagegen tritt und sogar zu beißen versucht. Dies ist ein normales defensives Kampfverhalten. Eine auf dem Rücken liegende Katze zerkratzt mit den Krallen die Bauchseite des Gegners. Dabei liegt die Trittfrequenz beim abwechselnden Gebrauch der Hinterbeine bei mindestens vier, beim gleichzeitigen Gebrauch bei drei Tritten pro Sekunde. Ein solches Verhalten beunruhigt den Halter natürlich, wohl weil er etliche Kratzer davonträgt.

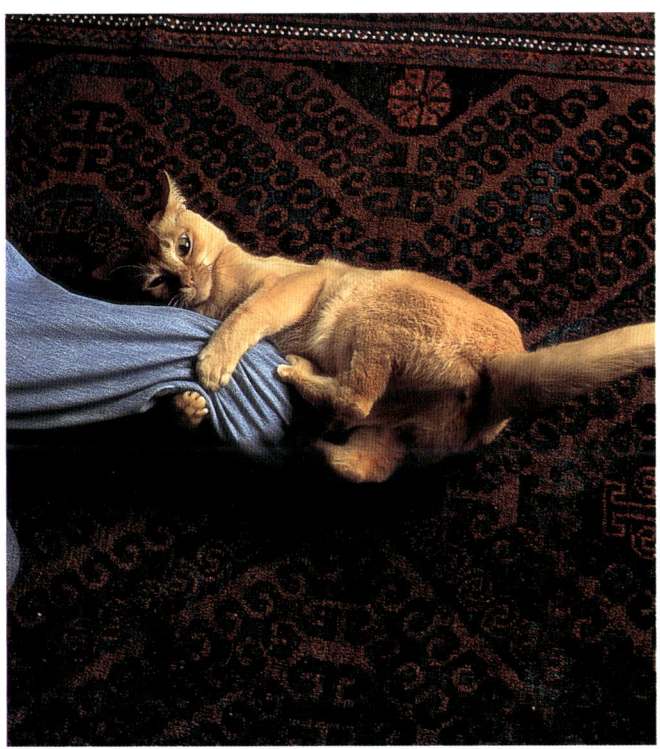

Was ist passiert?

Das Spielen hat die Stimmung der Katze angeheizt. Umfassen des Handgelenks und Treten kommen vor, wenn die Katze auf dem Rücken liegt und der Mensch versucht, sie am Bauch zu kraulen. Dieser Bereich ist bei einem Angriff besonders verwundbar, so dass die Abwehrreaktion vielleicht durch Berührung der Magengegend

oder die „bedrohliche" Hand ausgelöst wird. Wir denken dabei an ein „Jekyll-und-Hyde-Verhalten" unserer Katze, doch für sie sieht es so aus, als wären wir vom Streicheln (wie sie es von der Zunge der Katzenmutter kennt) zu einer Drohgebärde übergegangen.

Dabei gibt es deutliche Unterschiede. Man nimmt an, dass es von Seiten der Katze eine Toleranzgrenze gegenüber unserem Verhalten gibt, die auf eine Gewöhnungsphase in der Kindheit zurückzuführen ist. Ich bin auch der Meinung, dass dieses Verhalten bei anhänglichen Katzen weniger häufig auftritt.

Die Situation entschärfen

Wenn Ihre Katze die ersten Anzeichen für eine Verschärfung des Spiels zeigt, dann ziehen Sie Ihren Arm nicht zurück – sie wird sonst nur noch stärker beißen und treten. Halten Sie ihn stattdessen ganz ruhig, dann hört die Katze auf. Lenken Sie sie mit der anderen Hand ab, befreien Sie sich aus ihrem Griff und stehen Sie auf. Wenn Sie das Ausarten des Spiels vorausahnen, dann gehen Sie sofort weg.

Probleme

verwandte Themen ...   37   40   49   50   79   93

93 Aggressives Verhalten

Aggressivität ist die zweithäufigste Ursache, weshalb Katzenbesitzer einen Tierverhaltens-therapeuten aufsuchen. Erwachsene Katzen, die im selben Haushalt leben, sind oft sehr ver-spielt, vor allem wenn sie von klein auf zusammen aufgezogen wurden. Doch manchmal wird aus den Spielen Ernst und sie arten in echte Kämpfe aus.

Probleme

Arten der Aggression

Zu den häufigsten Problemen zählen Kämpfe unter Katern, Re-vierkämpfe und angstbedingtes aggressives Verhalten. Es gibt Situationen, in denen die Grenzen zwischen diesen Klassifikationen verwischen und in einem einzigen Konflikt gipfeln. Die Aggressivi-tät einer Katzenmutter, die ihre Jungen gegen eine zu neugierige, andere Katze verteidigt, ist vollkommen normal und kein Problem. In Haushalten mit mehreren Katzen und in Gebieten mit hoher Populationsdichte sind umgeleitete Aggressionen zu beobachten. Meist werden sie bei einem Tierarztbesuch auf den Menschen über-tragen. Die verängstigte Katze wird vom Tierarzt festgehalten und behandelt, doch sobald sie freikommt, kann es geschehen, dass sie ihre Aggressionen auf ihren Besitzer richtet und ihn schlägt. Sollte dies gelegentlich geschehen, kann man sich beim nächsten Mal darauf einstellen und es eventuell vermeiden.

Aggressives Drohverhalten ist ein Hauptproblem in Haushal-ten mit mehreren Katzen und vor allem bei der Fütterung zu beob-achten. Aufgrund des engen Zusammenlebens fürchten manche Katzen, sie könnten zu wenig Futter abbekommen und sie versu-chen dann, andere durch Drohverhalten einzuschüchtern.

Lösungsmöglichkeiten

Um aggressives Verhalten durch Futterneid zu verhindern, soll-ten Sie Ihre Katzen räumlich getrennt voneinander füttern.

Durch Kastration lassen sich Kämpfe unter Katern erheblich reduzieren. Wenn nicht, hilft oft eine Behandlung mit weibli-chen Hormonen.

Führen Sie eine neue Katze oder ein Kätzchen vorsichtig in Ihren Haushalt ein. Am einfachsten ist es, wenn man zwei Kätzchen zusammen aufwachsen lässt. Eine neue erwachsene Katze sollte man zuerst durch ihren Geruch und erst später persönlich vor-stellen. Lassen Sie eine der Katzen die Wohnung erkunden, ohne dass die andere dabei ist. Danach vertauschen Sie die Rollen. Wenn Sie die beiden Katzen dann schließlich zusammenlassen, rechnen Sie mit kleineren Konflikten.

verwandte Themen ...   42   43   48   50   64   71   84

94 Reiben in der Achselhöhle

Der Mensch besitzt in den Achselhöhlen Drüsen, die Sexualduftstoffe produzieren. Ganz gleich, wie oft Sie sich waschen, eine Spur davon wird immer übrig bleiben. Es ist daher nicht verwunderlich, dass Katzen diese Gerüche wahrnehmen – wo doch sogar Menschen das Geschlecht einer anderen Person nur am Geruch ihres Schweißes erkennen.

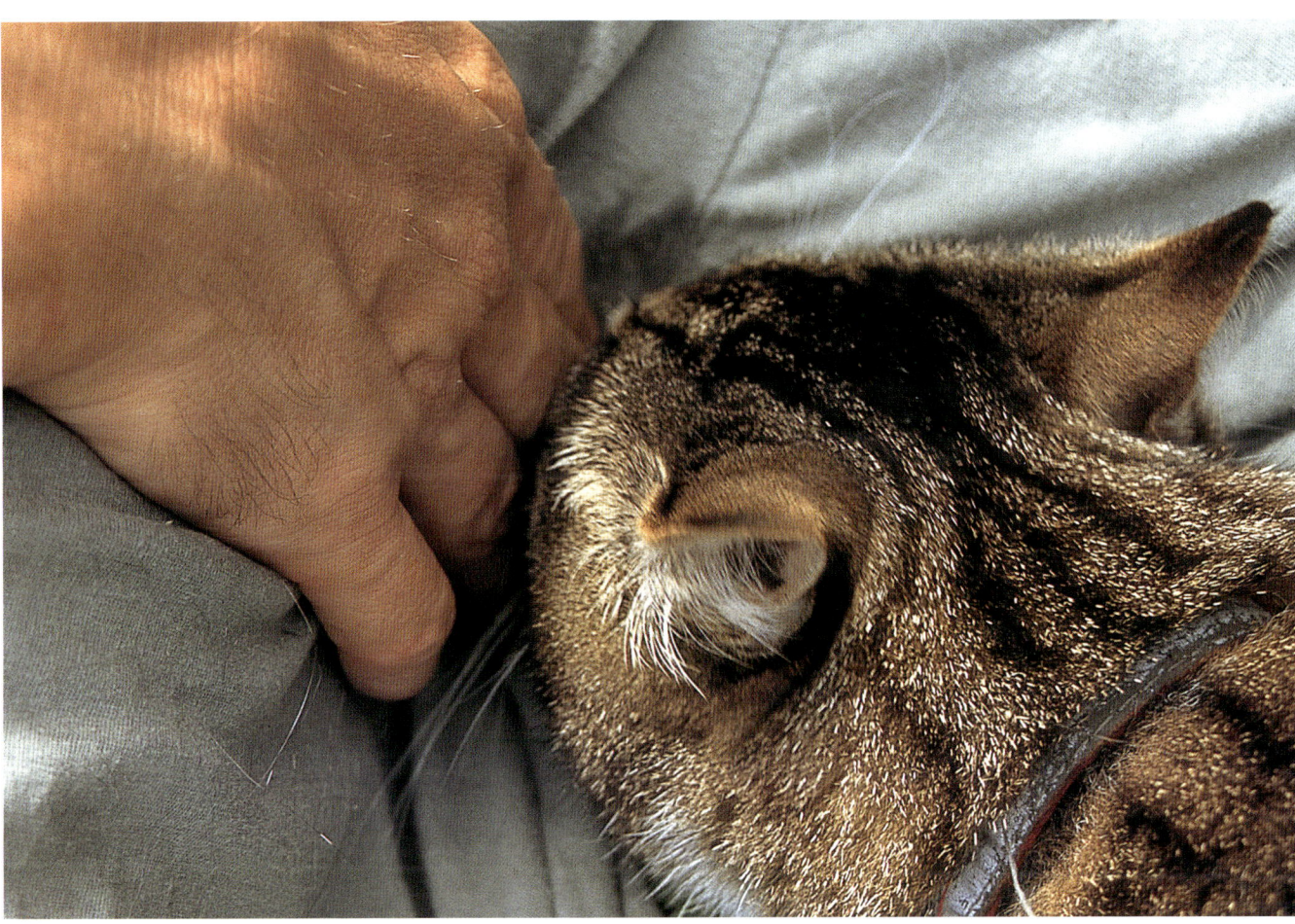

Unser attraktiver Duft

Katzen finden unseren Geruch anziehend. Die Katze schnuppert zuerst, vergräbt dann Kinn und Kopf in unserer Achselhöhle und reibt ihre Nase im Bereich der Schweißproduktion. Wenn man es zulässt, wird sie das Verhalten wiederholen. Sie kann auch anfangen zu speicheln und sogar kurz mit den Zähnen in die Kleidung beißen. Sind Ihre Schultern unbekleidet, zieht die Katze vielleicht sogar an den Achselhaaren und leckt Ihren Schweiß ab.

Dieses Verhalten ist identisch mit dem Schnüffeln und Reiben an Katzenminze (siehe S. 112). Streichelt man die Katze nur leicht, dann hebt sie Körper und Schwanz an, als ob sie sexuell erregt wäre. Wenn man sie nicht unterbricht, wird sie noch ungefähr anderthalb Minuten lang damit fortfahren. Dass sich die Katze bei unse-

ren Achselhöhlen und der Katzenminze ähnlich verhält, ist auf die beiden gemeinsamen Sexualduftstoffe zurückzuführen. Außerdem vermutet man, dass die Katze den lanolinartigen Fellgeruch sucht.

Die Anziehungskraft der auf getragenen Kleidungsstücken im Bereich von Achseln und Genitalien zu findenden Duftstoffe ist auch der Grund, weshalb Katzen so gern auf ungewaschener Kleidung ihres Besitzers liegen. Ein weiterer Grund ist die weiche Unterlage und die Sicherheit, die ihnen der unverwechselbare Duft ihres Besitzers vermittelt. Dieser Sicherheitsfaktor spielt wahrscheinlich die größte Rolle dabei, dass anhängliche Katzen von warmer, getragener Kleidung am meisten angezogen werden.

Da Sie selbst ja viel größer als Ihre Katze sind, können Sie dieses Verhalten leicht unterbinden, indem Sie einfach aufstehen. Es könnte aber sein, dass Ihre Freunde Sie bitten, die Katze gewähren zu lassen, weil sie ihr Verhalten sehr amüsant finden!

verwandte Themen ...   29   30   75   76   77

95 Ungewöhnliche Dinge fressen

Wenn Sie einen Pullover tragen, kann es gelegentlich vorkommen, dass Ihre Katze zu treteln und schnurren beginnt. Doch der Lanolingeruch der Wolle führt vielleicht auch dazu, dass die Katze speichelt und an der Wolle saugt. Diese Angewohnheit sollte man unterbinden, weil manche Katzen dabei die Wolle völlig durchnässen.

Probleme

Wer saugt an der Wolle?

Es scheint eine genetische Veranlagung für das Saugen an Wolle zu geben, denn bestimmte Rassen neigen besonders dazu. Am häufigsten ist es bei Siam- und Burmakatzen zu beobachten. Die meisten Katzen bevorzugen echte Wolle, aber auch Baumwolle und Synthetikfasern werden nicht verschmäht. Außerdem können Gummibänder und Papier zu Objekten der Begierde werden. Einmal beobachtete ich eine frei lebende Katze, die eine kleine Metallbox vollständig auffraß! Die Ursachen für dieses Verhalten sind nicht immer die gleichen. So begann eine Katze Papier zu zerreißen und zu zerkauen, nachdem sie in ihrer Transportbox stets auf Zeitungspapier gelegen hatte. Später vernichtete sie wichtige Papiere.

Auch Stress und Langeweile können eine Katze dazu veranlassen, auf Wolle zu treteln oder daran zu saugen. Das ist häufig bei Wohnungskatzen der Fall. Bei ängstlichen, anhänglichen Katzen kann dieses Verhalten ebenfalls verbreitet sein. Es mag zwar amüsant erscheinen, doch birgt es Gesundheitsrisiken, wenn Wolle oder andere unbekömmliche Materialien gefressen werden.

Lösungsmöglichkeiten

Handeln Sie wie eine Katzenmutter, die ihre Jungen vom Saugen abbringen möchte. Wenn die Zeit der Entwöhnung näher rückt und der Milchfluss versiegt, dann legt sie sich auf ihre Zitzen oder geht einfach davon. Auch Sie können einfach aufstehen und fortgehen.

Versuchen Sie einer Wohnungskatze mehr Auslauf im Freien zu gewähren.

Spielen Sie häufiger mit Ihrer Katze. Mehr Zeit und Sicherheit können für sehr anhängliche Katzen kurzfristig hilfreich sein. Ebenso können Sie Dinge herumliegen lassen, die Ihren Geruch tragen. Für die extreme Anhänglichkeit sollten Sie eine langfristige Lösung finden.

Die Verwendung von schlecht schmeckenden Substanzen zur Verhinderung des Saugens an Wolle ist nur von begrenztem Nutzen.

Vielleicht sollten Sie die Ernährung Ihrer Katze ändern. Bei jagenden, frei laufenden Katzen ist der Verzehr unbekömmlicher Gegenstände kaum zu beobachten. Bieten Sie daher Ihrer Katze interessantes, natürliches Futter wie rohe Fleischknochen an.

96 Übermäßige Liebesbeweise

Katzen können ausgesprochen liebevoll sein. Meistens freuen wir uns ja über ihre Zuneigung und ermuntern sie deshalb zu diesem Verhalten. Aber die Liebesbeweise können überhand nehmen, zum Beispiel wenn die Katze extrem ausgiebig tretelt oder an unseren Ohrläppchen saugt.

Probleme

Nuckeln an den Ohrläppchen

Manche Katzen haben die Gewohnheit, an den Ohrläppchen ihres Besitzers zu nuckeln. Das ist eine interessante Variante des Saugens an Wolle (siehe gegenüberliegende Seite), das wiederum dem Säugen kleiner Kätzchen entspricht. Katzen nuckeln meist an den Ohrläppchen, wenn der Mensch im Bett liegt und vielleicht sogar schon schläft. Bei zu früh entwöhnten Kätzchen oder bei solchen, die zu wenig Muttermilch abbekommen haben, mag es vorkommen, dass sie an Körperteilen ihrer Wurfgeschwister saugen. Diese Katzen neigen außerdem oft zu übermäßigem Treteln und extremer Anhänglichkeit.

Schmerzhaftes Treteln

Wenn Sie vor dem Fernseher sitzen und Ihre Katze auf Ihren Schoß springt und zu treteln und zu schnurren beginnt, handelt es sich um eine ganz normale Verhaltensweise. Ihre Katze fühlt sich in ihre Kindheit zurückversetzt und behandelt Sie genauso wie damals ihre Katzenmutter. Junge Kätzchen treten mit den Pfoten gegen die Zitzen, um auf diese Weise den Milchfluss anzuregen. Durch unsere Größe und Wärme fühlen sich erwachsene Katzen wie junge Kätzchen bei ihrer Mutter.

Einen Nachteil hat das Treteln: Die Krallen sind dabei ausgefahren. Wenn Sie dicke Kleidung tragen, ist alles in Ordnung. Sind Sie jedoch unbekleidet und Ihre Katze hat scharfe Krallen, ist es für Sie bei Weitem nicht so angenehm wie für die Katze! Die Häufigkeit des Tretelns hängt vom Charakter der Katze und ihrem Verhältnis zu Ihnen ab. Eine unsichere, anhängliche Katze verbringt mehr Zeit damit, Ihre Schultern zu löchern als ein gelassenes, selbstsicheres Tier.

Was kann man tun?

Keine dieser beiden Verhaltensweisen ist besonders problematisch. Am effektivsten ist es, wenn Sie einfach aufstehen und fortgehen. Gegen schmerzhaftes Treteln hilft Krallenschneiden, gegen das Nuckeln an den Ohrläppchen helfen eventuell Geruchsstoffe, die Katzen nicht mögen.

verwandte Themen ...　　　34　　38　　57　　77　　95

97 Beutetiere nach Hause bringen

Selbst ausgesprochene Katzenliebhaber sind nicht sonderlich begeistert, wenn ihr Haustier seine Beute heimbringt. Manche Besitzer regen sich über den Tod eines Zaunkönigs auf, freuen sich aber, wenn die Katze zehn Nagetiere abliefert. Und auch wenn sie möchten, dass das Beutetier draußen am Leben geblieben wäre, sehen sie es im Haus lieber tot!

Probleme

Katzen sind Jäger

Katzen sind Fleischfresser und es ist nicht unmoralisch für sie, Tiere zu fangen. Wenn man eine Katze hält, muss man damit leben, dass sie jagt. Bei Stadtkatzen sind die Jagdmöglichkeiten bereits schon durch den begrenzten Aktionsraum eingeschränkt. Ich fand heraus, dass eine Londoner Katze durchschnittlich zwei, eine Dorfkatze hingegen 14 Tiere pro Jahr erlegt. Ein Kätzchen, das in der Wohnung geboren und aufgezogen wurde und dessen Mutter keine Gelegenheit hatte, ihm das Erlegen von Tieren beizubringen, wird sich wahrscheinlich nicht zu einem Meisterjäger entwickeln.

Vielleicht ist es ein Trost, dass weltweite Studien ergeben haben, dass Katzen im Vergleich weit weniger Vögel als Kleinsäuger erlegt haben. Zudem sorgen die Winterfütterung der Vögel und die Bereitstellung von Nistkästen dafür, dass die Vogelpopulationen in den Städten künstlich viel größer gehalten werden als unter den raueren Bedingungen auf dem Land.

Weniger Chancen für die Katze

Wenn Ihre Katze wieder einmal im Haus mit ihrer Beute spielt (siehe S. 36), dann kann die Wasserpistole hilfreich sein. Der Nachteil dieser Methode ist, dass sich am Ende wahrscheinlich eine entflohene Maus in Ihrer Wohnung versteckt. In diesem Fall nützt vielleicht die „Tabor-Gummistiefel-Methode". Mäuse und andere Kleinsäuger rennen gern an den Wänden eines Raums entlang. Wenn man nun einen auf der Seite liegenden Gummistiefel vor der fliehenden Maus an der Wand platziert, wird sie in der dunklen Schaftöffnung dankbar Zuflucht suchen. Tragen Sie dann den Stiefel mit Maus in aller Ruhe ins Freie hinaus und lassen Sie sie laufen.

Katzen fangen Vögel eher auf dem Boden als in den Bäumen oder am Futterhäuschen, so dass Sie Vögel immer in sicherer Höhe füttern und die Futterstellen katzenunfreundlicher gestalten sollten (siehe S. 40). Die Zeit ist dabei ausschlaggebend, denn je länger die Katze braucht, um hinaufzuklettern, umso mehr Zeit hat der Vogel davonzufliegen.

 verwandte Themen ...   20   21   22   23   39

Dicke Katzen

Es gab Zeiten, in denen man es für sehr unwahrscheinlich hielt, dass Katzen Gewichtsprobleme haben könnten. Umfragen in den USA ergaben jedoch, dass fast ein Drittel aller Hauskatzen zu dick sind: ein Spiegelbild der zunehmenden Übergewichtigkeit bei uns Menschen. Gewichtsprobleme treten auch immer häufiger bei Katzen in England und Europa auf.

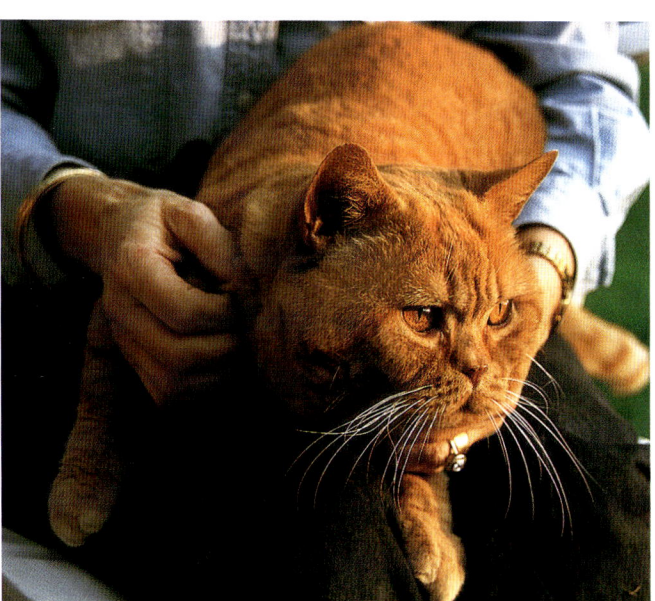

Überfütterung von Wohnungskatzen

Übergroße Futterrationen sind die Hauptursache für übergewichtige Katzen. Ein weiterer Faktor ist der riesige Zuwachs an Wohnungskatzen, wie in den USA beobachtet wurde. Die Folgen davon sind ein gefährlicher Bewegungsmangel durch die räumliche Beschränkung sowie ein hohes Maß an Langeweile. Berufstätige Katzenhalter stellen ihrem Tier oft mehr Futter zur Verfügung als nötig. Vielleicht wollen sie dadurch ihre Schuldgefühle kompensieren, wenn sie ihre Katze den ganzen Tag allein lassen. Extraportionen sind jedoch kein Weg, Zuneigung zu zeigen. Im Gegenteil, die Futtermenge sollte den wirklichen Bedürfnissen der Katze angepasst sein. Ein Teil des Problems ist, dass die Futtermittelhersteller durch den Druck des Marktes dazu übergegangen sind, sehr schmackhafte Tiernahrung zu produzieren. So fressen die Katzen mehr als nötig. In Haushalten mit mehreren Katzen kann auch Futterneid eine Rolle spielen, so dass einige ihr Futter hinunterschlingen, während andere weniger bekommen, als sie sollten.

Wenn Sie Ihre Katze mit einer normalgewichtigen vergleichen, sollten Sie daran denken, dass einige Rassen wie Maine Coon und Ragdoll sehr groß werden. Manche Katzen nehmen zu, wenn sie älter und weniger aktiv sind, obwohl die gefährlichste Zeit für Übergewichtigkeit im Alter von sieben Jahren liegen soll.

Besonders in den USA erfreut sich Trockenfutter wachsender Beliebtheit. Der niedrige Wassergehalt bedeutet aber, dass die Nahrung viel konzentrierter ist und die Katze im Verhältnis weniger davon braucht. Leider füttern viele Menschen immer noch zu große Mengen, so dass die Tiere zu dick werden. Man hat herausgefunden, dass bei übergewichtigen Katzen im Alter von acht Jahren ein dreimal höheres Sterberisiko besteht als bei normalgewichtigen.

Probleme

Lösungsmöglichkeiten

Bieten Sie Ihrer Katze keine größeren Portionen an als sie zum Erhalt ihres Normalgewichts braucht.

Ist bei Wohnungskatzen das Übergewicht eine Folge von Inaktivität, dann sollten Sie Ihrer Katze den Zugang zur Außenwelt ermöglichen. Ist das nicht möglich, dann spielen Sie häufiger mit ihr und stellen Sie ihr einen Spielbaum zur Verfügung, damit sie aktiver wird.

verwandte Themen ...   65   66   67   71   79   84

99 Wählerische Fresser

Katzen sind sehr heikel, was Nahrung angeht. Oft arten die Mahlzeiten in Machtkämpfe aus, bei denen der Mensch seiner Katze ein bestimmtes Futter vorsetzt, das die Katze nicht anrührt. Manche Besitzer wiederholen dies tagelang, bevor sie schließlich der Katze nachgeben! Katzen bevorzugen meist Frischfleisch, was im Alltag jedoch nicht immer zur Hand ist.

Probleme

Eiserner Wille

Der eiserne Wille einer Katze zeigt sich daran, dass sie oft bestimmte Katzenfuttermarken bevorzugt, was bestimmten Futtermittelherstellern zum Vorteil gegenüber anderen gereicht. Es ist nachgewiesen, dass Katzen lieber verhungern als etwas fressen, das ihnen nicht schmeckt. Dieses Verhalten liegt in der engen Nahrungsauswahl begründet, die die Katze als Jungtier präsentiert bekam. Was die Katzenmutter angebracht hat, wurde akzeptiert. Und auch später bevorzugen Katzen diese Art der Nahrung.

Unterernährung

Wenn Ihre Katze gut frisst, plötzlich aber abnimmt und appetitlos ist, dann sollten Sie sofort den Tierarzt aufsuchen, denn es könnte ein Nierenleiden vorliegen. Bei einer älteren Katze sollten Sie genau auf ihren Zustand achten, wenn Sie die Wirbelsäule entlangstreichen. Außerdem sollten Sie auf von Speicheln begleiteten Gewichtsverlust achten, der auf eine Zahnfleischinfektion und Zahnausfall hindeuten kann. Auch andere Krankheiten, vor allem die Atemwege betreffend, können eine Katze vom Fressen abhalten, weil sie das Futter zuerst über den Geruchsinn wahrnimmt.

Lösungsmöglichkeiten

Stellen Sie die Futterschüssel Ihrer Katze nie in die Nähe der Katzentoilette.

Füttern Sie nicht direkt aus dem Kühlschrank, weil Katzen kein kaltes Futter mögen. Das liegt nicht nur an der Temperatur auf der Zunge, sondern auch daran, dass warmes Futter stärker duftet. Katzen bevorzugen Nahrung von Körpertemperatur (37 °C). Da sich ihr Interesse an Futter im Bereich von 25 °C bis 45 °C jedoch nicht steigern lässt, hat es wenig Sinn, das Futter über 25 °C zu erwärmen.

Wenn das Futter zu lange unbedeckt stehen bleibt, kann es verderben, austrocknen und Fliegen anlocken, so dass die Katze es nicht mehr annimmt.

Wenn man eine Katze an ein neues Futter gewöhnen möchte, dann sollte man das neue dem altbewährten Futter hinzufügen, und zwar in allmählich immer größer werdenden Anteilen.

verwandte Themen ... 38 65 98

100 Streunen

Als Streuner bezeichnet man Katzen, die ihr Heim verlassen, Katzen, die nächtelang wegbleiben, Katzen mit einem großen Revier und Katzen, die andere Häuser besuchen. Echtes Streunen tritt meist in Zusammenhang mit einem Umzug auf, wenn die Katzenbesitzer ihr Tier nicht so lange im Haus halten, bis es wirklich an das Territorium gebunden ist.

Ursachen des Streunens

Wenn zu viele Katzen in einer Wohnung zusammenleben, kann es sein, dass eine oder mehrere von ihnen dem Stress entfliehen und zu streunen beginnen. Die gleiche Situation kann auch dazu führen, dass Kater plötzlich ihr Revier erheblich ausdehnen. Es gibt Kater mit einem unverhältnismäßig großen Aktionsraum, der bis zu viermal größer sein kann als es in der jeweiligen Gegend üblich ist. Sie bleiben dann ihrem Zuhause mehrere Nächte hintereinander fern.

Ich habe einmal den Fall eines Siamkaters dokumentiert und dabei festgestellt, dass sein Vater bereits das gleiche Verhalten wie er gezeigt hatte. Offensichtlich war das Streunen entweder genetisch bedingt oder erlernt. Beide Katzen konnten außerdem recht aggressiv gegenüber Menschen sein und verhielten sich sehr selbstbewusst.

Manche Katzen suchen sich mehrere Zuhause aus, wo sie gefüttert werden. In extremen Fällen entsteht in jedem der beteiligten Haushalte der Eindruck, die Katze gehöre zu ihm!

Lösungsmöglichkeiten

Bei einem Umzug ist es sehr wichtig, die Katze erst einmal eine Woche lang im neuen Heim zu halten, bevor sie zum ersten Mal nach draußen darf. Machen Sie mit ihr einen Spaziergang an der Leine, damit sie sich innerlich einen Lageplan von der Umgebung machen kann. Lassen Sie die Tür offen, damit sie jederzeit zurückkehren kann. Sobald ihr Verhalten zusehends selbstbewusster wird, ist es an der Zeit, sie allein ins Freie zu lassen.

Vermeiden Sie einen hohen Stresspegel, der die Katze zum Streunen veranlassen könnte. Es gibt Katzen, die nicht mit mehreren Artgenossen in einem Haus leben können oder keinen ständigen Baulärm oder Ähnliches vertragen.

Durch eine Kastration kann man meist sowohl den Aktionsraum verkleinern als auch die Tendenz zum Streunen verringern.

Wenn Ihre Katze ein Halsband mit Adressanhänger trägt oder gechippt ist, wird sie von wohlmeinenden Nachbarn und Tierschutzorganisationen nicht für eine herrenlose Katze gehalten.

Wenn Sie feststellen, dass Ihre Katze auch von den Nachbarn in der Annahme, sie sei eine streunende, herrenlose Katze, gefüttert wird, lässt sich die Situation meistens mit einem freundlichen Gespräch klären.

verwandte Themen ...　　17　　48　　49　　64　　70

Register

Über den Autor

Der Naturforscher und Biologe Roger Tabor zählt weltweit zu den führenden Katzenexperten. Er schrieb und moderierte die BBC-Fernsehserien „Cats" und „Understanding Cats", die in den USA auf dem „Learning Channel" und „PBS" sowie auf vielen anderen Fernsehkanälen auf der ganzen Welt gezeigt wurden. Er war bereits auf unzähligen Fernsehkanälen zu sehen und ist außerdem ein preisgekrönter Bestseller-Autor. Rogers bahnbrechende Studien über frei lebende Stadtkatzen und seine 30-jährige Forschungsarbeit auf den Gebieten Katzenverhalten und Ökologie haben ihm große Anerkennung eingebracht. Er unternahm ausgedehnte Reisen, um Katzen in über 25 Ländern der Erde zu beobachten. Die Mehrzahl der in seinen Büchern gezeigten Bilder hat er selbst fotografiert.

Danksagung

In all den Jahren wurde ich von unzähligen freundlichen Menschen unterstützt, die alle ihren Teil zur Produktion dieses Buches beigetragen haben. Es ist mir unmöglich, alle Beteiligten zu berücksichtigen, doch bin ich davon überzeugt, dass diejenigen, die hier nicht namentlich erwähnt werden, sich trotz allem meines Dankes sicher sind.

Mein Dank gilt Dick Meadows und den Kollegen bei der BBC, John Bowe, Colin Tennant und den Kollegen bei Bowe-Tennant Productions, der University of East London, White Notley Cats Protection und Cats Protection, Doris Westwood und dem Fitzroy Sqare Frontagers & Garden's Committee, Mary Wyatt, Mike Jackson, Becky Robinson & Alley Cat Allies, UFAW, GCCF, TICA, dem Cairo Museum, British Museum, Debbie Rijnders & Stichting de Zwerfkat, Venice DINGO, Joan Hodge, Stuart Baldwin und ganz besonders dem Veterinärmediziner Alan Hatch.

Ebenfalls ein Dankeschön an Charlotte, Bob & Vally Hudson, Phillipa Spalding, Michael Harding, Mike Sutton, Robin & Georgie Kiashek, Rachel & Ralph Cooke, Sue Sanderman, Solvig Pfluger, Norman, Janet, John, Vikki & Milli Collins, Ken Tabor, Callie & Lauren Doherty, Ed & Malee Rose, Jean Murchison, Dawn Guliver, Steve & Margaret Cuthbert, Jean Renny, Rosie Alger & Barrie Street, Mira Bar-Hillel & Geoffrey Addison, Diane Slater, Jackie & Barry Wood, Anne Bailey, Bernice Mead, Barbara Castle und an alle Katzen – besonders meine eigenen, Jeremy, Tabitha und Leroy – und Katzenhalter, die mich bei meinen Forschungsarbeiten unterstützt haben.

Vielen Dank auch an Angela Weatherley, Jane Trollope und an das David & Charles Team. Mein ganz spezieller Dank geht an Liz Artindale für ihre außerordentliche Hilfe und Unterstützung sowie für die Bereitstellung ihrer Fotos. Roger Tabor, 2005

Zusätzliche Informationen über Katzen und Roger Tabor finden Sie unter www.worldofcats.net

Bildquellen

Sämtliche Fotos sind von Roger Tabor, mit Ausnahme der folgenden:
Liz Artindale: S. 6–7, 8–9, 13 rechts unten, 14, 15, 16 oben, 17, 18 rechts, 20 links, 21 oben, 23 rechts, 24, 44 rechts Mitte, 48, 58, 63, 68, 76 links, 82 rechts, 85, 86, 87 rechts, 92 links, 96, 97 außer ganz oben rechts, 98 ganz unten rechts, 99 außer ganz unten rechts, 102 links, 103, 105 links, 106 rechts, 107, 108 links, 110, 117, 123, 126 links, 131 links, 133 links, 135, 137 links.
John Bowe/Bowe-Tennant Productions mit Roger Tabor: S. 37, 38–39, 51 außer rechts unten, 70 rechts oben und unten.
Michael Harding: S. 95 oben.
Mike Sutton: S. 132 rechts.
© Brand X Pictures/Alamy: S. 3.
Alle Zeichnungen stammen von Eva Melhuish.